オンライン授業を考える

日本語教師のためのICTリテラシー

山田智久・伊藤秀明 編

くろしお出版

はじめに

　本書は、対面授業からオンライン授業へと移行する今を記録し、これから
の授業とどのように向き合っていくべきかという未来への展望を提案しよう
という思いから編まれた書です。そのため、すぐに使えるハウツー本のスキ
ルは扱っていません。それらはインターネットを使って調べれば、山のよう
に情報が出てくるからです。その代わり、本書では「オンライン授業の考え
方」をじっくり掘り下げます。「魚を与えるのではなく、魚の釣り方を教え
よ（授人以魚　不如授人以漁）」もとい、「一緒に魚の釣り方を考えましょ
う」です。

　2020年、私たちは社会活動が制限されるというかつてない大きな変化を
余儀なくされました。教室での活動もままならなくなり、授業は対面からオ
ンラインへとシフトしました。このシフトについてはネガティブな側面に注
目が集まりやすいですが、ポジティブな側面もあります。それは、日本語教
師のICTを扱う技術が急激に向上したことです。多くの先生方が授業運営、
課題の受け渡し、フィードバックなどを実際にオンライン上で体験していく
うちに「やればできる！」という実感を持たれたことと思います。その一方
で、「このやり方でいいんだろうか？」という不安な気持ちを抱く先生方に
もたくさんお会いしました。この気持ちをどうやって払拭したら良いのだろ
うかという考えが本書のスタート地点でした。

　現在、私たちを取り巻く環境は多くの情報にあふれています。ICTと教育
の分野を見ても、日々、Webサービスやアプリを紹介する情報が流れ、そ
の更新頻度の高さはいくら追いかけても追いつけないほどになっています。
また、オンライン授業と対面授業のどちらが優れているかという議論もよく
目にします。このことでかえって混乱している先生方も多いと思います。

　しかし、いま私たちに必要なのは、どんなWebサービスやアプリが優れ
ているかの選択に時間をかけることや、オンライン授業と対面授業を対立構
造で考えて優劣を付けることではありません。では、本当に必要なものは何
なのでしょうか。編者らは、次のように考えています。

狭い視点から授業を見るのではなく、立体的に授業を捉えなおすこと。

　他の先生がどんなニーズからICTを使うようになり、どんな壁にぶつかり、それをまたどうやって改善していったのかを一つのストーリーとして読み、自分の教育現場と照らし合わせることで、時代の変化に対応できる能力が育まれるのではないか、そう考えました。このアイディアを具体的に形にするために、性質が異なる複数の機関に所属する方々にお願いをし、オンラインでの取り組みについて、過去・現在・未来という時系列からありのままを紹介してもらいました。

　そのため構成は、概要、実践、そして展望という三つのパートから成り立っています。概要編の第1章では、オンライン授業への移行と分類について整理しています。そもそも私たちが向き合っているオンライン授業とは何か、そして、どのようにオンライン授業と向き合うべきかという心構えについて書いています。

　実践編となる第2章では、さまざまな教育現場での取り組みについて紹介しています。日本国内の大学、日本語学校、地域日本語教室、海外の大学、オンラインコースの実践を順に紹介していますが、ただ実践例を紹介するだけでなく、「なぜそうしたか」という意思決定の背景、オンライン授業での取り組みから得られた知見、今後の授業にどのように活かすかについて重点を置いた実践例の紹介となっています。

　続く第3章では、オンライン授業を行っていく上で必須の知識となる「著作権」について具体的な事例をもとに紹介しています。さらにQ＆A形式での補足も掲載することで、授業で行って良いことと避けるべきことの線引きがわかるようになっています。

　展望編となる第4章では、授業を立体的にしていくためにはどのような意識変化が必要かについて、ICTと日本語教師の関係について再考することで新たな展望を示しています。

　また本書の最後には、「ICTリテラシーCanDoリスト」と「用語集」を付しています。「ICTリテラシーCanDoリスト」は、現時点での日本語教師にとって必要だろうと考えられるICTリテラシーのチェック項目をたたき案と

して提示しています。これらを用いて自分の考えを整理したり、行動を振り返ることが可能となります。「用語集」は、オンライン授業について考える際にキーワードとなる用語をピックアップしています。本文に「《➡「用語集」参照》」とあるものは、巻末を参照できるようにしました。

　本書の執筆にあたり、北村祐人さん（文化庁国語課）にはさまざまな地域の実践についてご紹介いただきました。第1章では占琳瑾さん（筑波大学芸術学学位プログラム）、岡本双葉さん（つくば市立竹園東小学校）にりんごの絵を描いていただきました。第3章では我妻潤子さん（株式会社テイクオーバル）に知的財産アナリストの視点から原稿の確認をしていただきました。「ICTリテラシーCanDoリスト」の作成ではABK学館日本語学校の先生方のご協力をいただきました。また、その他にもたくさんの先生方、学習者の皆様の力をお借りしました。多くの方々の協力なくして本書の刊行は実現できませんでした。この場を借りて御礼を申し上げます。

　そして、いつもながら的確なアドバイスとセンスある遊び心によって我々のアイディアを形にしてくださった、くろしお出版の坂本麻美氏に心から感謝いたします。

2021年6月

山田智久・伊藤秀明

目　次

第 1 章

オンライン授業とは何か

第 1 節　2020 年とオンライン授業

　2020年、新型コロナウイルス感染症の感染拡大により、私たちの生活は激変しました。社会生活が制限され、人の往来もままならなくなりました。外国人留学生も日本に入国できなくなり、日本語教育の現場でも大きな変化が強いられたことと思います。

　教育現場での最も大きな変化は、授業のオンライン化です。十分な準備をする間もなくオンライン授業へと移行せざるを得なくなった先生方も多かったのではないでしょうか。文部科学省大学分科会（2020）によると、全国的な緊急事態宣言が発出された2020年4月の時点で、おおよそ90％の大学で全面オンラインによる遠隔授業が提供されていたとの報告があります。これに、併用タイプ（オンライン授業と対面授業）の約7％を加えると、実に97％もの大学が緊急事態宣言下で何らかの「オンライン授業」を実施していたことがわかります。

　1度目の緊急事態宣言が解除された後の2020年7月には、全面オンラインによる遠隔授業で対応している大学は24％に減りますが、その代わり、併用タイプ（オンライン授業と対面授業）は、60％と依然として高い数値を示しています。

　これらのデータを見ると、オンライン授業への移行がすんなりと進んでいるかのような印象を受けますが、皆さんの教育現場ではいかがでしょうか。少なくとも私たち（編者）は苦戦を強いられました。比較的テクノロジーに明るい私たちでも、オンラインで授業をするということはたやすいことではありませんでした。それは、「今まで教室でやっていた授業をオンラインで行えば良い」という単純な移行作業ではなかったからです。

　たとえば、日本語の授業を想像してみてください。教室であれば、グループで練習したり、書いて練習したり、ペアで話す練習をしたりということが教師の支援を受けつつ、すんなりと実現できます。同じことをオンラインで行おうとするとどうでしょうか。Zoom？　Teams？　何を使えばいいの？という疑問に始まり、グループワークではどの機能を使えばいいの？という疑問も出てくるかもしれません。仮に技術的な問題をクリアできたとして、教室とオンライン授業を比較したときに決定的に違うのは、教師が全体を把握できているかどうかという点だと思います。教室であれば、教師が全体を見回し、個別の進度を確認することが容易だと思いますが、オンラインだと個別の進度を把握することが難しくなります。特にグループワークのときなどは顕著です。

　このように、教室では容易にできていたことが、オンラインではなかなかできないという不満は、教師を ICT（Information and Communication Technology）探しの旅へと駆り立てました。教室と同じ練習を実現するにはどうしたら良いのだろうか？　オンラインでも活発なディスカッションを行うにはどうしたら良いのだろうか？　これらの教師の要望に応えるように、Web にはたくさんの情報があふれかえりました。動画編集にはこのアプリが良い、学習者のスピーチ発表を提出してもらうにはこの Web サービスが便利、などの情報です。確かに、オンライン授業というと「ICT」という単語がすぐに出てきそうです。事実、私たちも Web の情報を追いかけていましたが、あるときはっと立ち止まりました。なぜなら、最初は「授業のための道具である ICT」を探していたのが、気が付けば「ICT でこんなことができないかな」という異なる目的にすり替わっていくことがあったからです。このような状態を本書では、事実志向と問題解決志向《➡第 4 章参照》という視点で捉えていますが、やはり目的が先にあって、そこから道具を選ぶことが重要です。

　加えて、教室で行っていた活動をそっくりそのままオンラインで実現しようとするのは、非効率的です。そもそもが違うからです。このことについて中原（2020: 49）は次のように述べています。

　　「オンライン授業をつくる」とは「既存の授業をオンラインに置き換

える」のではなく、「オンラインで学習者が学びやすい授業を、もう一度つくり直すことなのだ」

　教室での対面授業が持つ強みがあるように、オンラインにはオンラインの強みがあるのです。この切り分けをしっかりと考えることが、これからの教師に求められる能力、すなわち教師のICTリテラシーの一つであると考えます。

　では、ICTリテラシーを向上させて、これからの時代に対応する教師になっていくにはどうしたら良いのでしょうか。この問いに対して、私たちは、オンライン授業やICT全般について知識を増やせば良いとは考えていません。その代わり、今こそ立ち止まって自分が行ってきた取り組みを見直すことから始めるべきだと考えています。Olson（1995: 127）が次のように言っています。

　　　　自己の経験に耳を傾けるには、他者の存在が必要である（編者訳）

　大変な時期を乗り越えようとする今こそ、いろいろな世界を見てみる時期なのではないでしょうか。さまざまな教育現場での取り組みを見て、自分の経験と照らし、オンライン授業の強みを活かすことができれば、今までの授業にぐっと幅が出ます。すなわち自分の授業を自分の視点から眺めるだけでなく、他者の視点からも見つめ直してみるということです。たとえばICTの使い方、教師の話し方や教材提示の方法、そしてアクティビティの種類。これらに加えて、なぜこのアクションを起こしたのだろうという意思決定の道筋をも他者と照らすことで、授業が変わっていくはずです。今までと同じことを踏襲するのではなく、新たな視点を持ち、新しい取り組みに挑戦していくこと。その結果、学習者の学びに多様性が生まれること。この広がりを本書では「授業を立体的にする」と呼びます。

　平面ではなく球体をイメージしていただくと良いかもしれません。たとえば、多くのみなさんは、りんごを描くとき、図1のように描くと思います。しかし、りんごは球体なので、どの視点から眺めるかによって見え方が変わ

ります。上のへたの部分から眺める人もいるかもし
れませんし、下から眺める人もいるかもしれませ
ん。この「りんご」を「授業」に置き換えた場合、
自分が真正面から眺めているから、他のみんなも真
正面から眺めているという思い込みから、脱却して
いくべきだと私たちは考えます。理想的なのは、り
んご（授業）をあらゆる角度から見ている状態を
「俯瞰する自分」を獲得することではないでしょう
か。りんご（授業）は球体である、つまりいろいろ
な側面があることを再認識することで、どの視点か
ら見たりんごでも描くことができるようになります
（図2）。

図1　平面的なりんご

図2　立体的なりんご

　日本語教育の例で考えます。私たち編者は大学で日本語を教えています。
そして日本語教育にはさまざまな現場が存在していることは頭では理解して
いるつもりです。けれど、りんごのように全体を手に取ったことはないの
で、実像が見えません。そうなると、ついつい自分の視点から物事を判断し
てしまいます。他者の視点が入っても、それはオンライン授業隆盛の現在、
アプリの使い方や授業運営であったりと断片的な情報であることが非常に多
いです。自分とは異なる背景を持つ他者が、オンライン授業でどのような問
題を抱え、それに対しどのような方略を立て実施したのか、そして得られた
知見は何だったのかということを最初から最後まで時系列で追体験し、自分
の視点と比較することで、「授業を立体的にする」力が涵養されると編者ら
は信じています。このように、さまざまな側面からオンライン授業について
考えていくことが本書のねらいです。

📖 参考文献

中原淳（2020）「わたしが「オンライン授業」を実践した理由──「ポスト・コロナの
　学び」を想う──東洋館出版社編『ポスト・コロナショックの学校で教師が考え
　ておきたいこと』東洋館出版社、pp. 46-53.

文部科学省大学分科会（2020年9月15日）第156回会議資料「大学等における新型
　　コロナウイルス感染症への対応状況について」<https://www.mext.go.jp/kaigisiryo/
　　content/20200914-mxt_koutou01-000009906_15.pdf>（2021年1月30日閲覧）
Olson, M. R. (1995). Conceptualizing narrative authority: Implications for teacher education.
　　Teaching and Teacher Education, *11*, 119-135.

第 2 節　オンライン授業を考えるにあたって

1.　オンライン授業の分類

　近年、「オンライン授業」という言葉が急速に社会に広まりました。一つの教室に教師と学習者が集まって行う授業を「対面授業」、それに対して、インターネットで講義や教材を配信したり、PCやタブレットなどのインターネットに接続された端末を介して行う授業を「オンライン授業」と言います。このように簡単に定義づけはできますが、言葉に引っ張られて「オンライン授業は○○でなければならない」と考えてしまうと、教師の創造的な授業づくりをかえって狭めてしまうことにもつながります（秋山・長瀬編2020）。そのような考えから、まずはオンライン授業と呼ばれるものにはどのようなものがあるのかを見てみましょう。

　オンライン授業は主に教師から学習者へ情報を伝達する「一方向」のものか、教師と学習者のやりとりが生じる「双方向」のものか、リアルタイムで行う「同期型」《➡「用語集」参照》のものか、録画などを利用する「非同期型」《➡「用語集」参照》のものかによって、以下の4つの型に分類できます（図1）。

一方向

A ライブ講義型 ライブ講義型の動画配信	B オンデマンド型 オンデマンド型の動画配信
C Web会議型 Web会議システムを活用した会話	D 課題提出型 クラウドを活用したファイル共有

同期　　　　　　　　　　　　　　　　　　非同期

双方向

図1　オンライン授業の分類〈秋山・長瀬編（2020: 27）を一部改変〉

A）ライブ講義型（一方向、同期）

　教室に立って授業をしている姿をライブ配信するものや、スライドの講義資料に合わせて説明をするものなど方法はさまざまですが、教師から学習者に一方的に講義を行い、かつ講義はリアルタイムで行われるという形式です。

B）オンデマンド型（一方向、非同期）

　オンデマンド型はライブ講義型と同様に一方向ですが、ライブ講義型と異なり非同期、つまり、リアルタイムではない形式で行われます。たとえば、事前に収録した講義動画をインターネット上に置いて、学習者が好きな時間に見たり、1回の説明ではわからないところを繰り返して見ることができるようにする形式です。

C）Web会議型（双方向、同期）

最も多くの方がオンライン授業のイメージとして持っているのが、このWeb会議型かもしれません。対面授業では一つの教室に教師と学習者が集まっていましたが、ZoomやGoogle MeetなどのWeb会議システム《➡「用語集」参照》を利用して、教室で行っていた会話やグループワークなどの教室活動を「教室」という場に集まらずに行う形式です。

D）課題提出型（双方向、非同期）

Google DriveやDropboxに代表される「クラウド」《➡「用語集」参照》というインターネット上にファイルを置いておくことができるサービスがあります。このサービスを利用することで、教師がクラウド上に置いた課題や宿題のファイルを学習者が受け取り、自分の答えを書き込み、またクラウド上に置く、ということができます。このように課題提出型とはリアルタイムのやりとりがなく、双方向のやりとりができる形式です。

　以上、ここでは4つの分類を挙げましたが、この4つが個別に授業形態としてあるわけではなく、この4つを組み合わせたり、ここでは挙げていないオンラインツールを利用することで、より創造的な授業を生み出すこともできます。たとえば、最近では対面授業に加えオンラインで受講する学習者のためにカメラを置き、対面授業とオンライン授業を同時に行うハイフレックス《➡「用語集」参照》という授業形態も出てきています[1]。このようにオンライン授業は、何か決まった形式の授業があるのではなく、オンラインツールを活用しながら、現場の実現可能性に合わせて教師が創造的に作り出していく授業であるとも言えます。

2.　オンライン授業を始める前に

　オンライン授業は教師が創造的に作り出すと言っても、いきなり授業動画の撮り方やオンラインツールについて調べる、ということをする必要はありません。まず、秋山・長瀬編（2020: 24-25）が挙げているオンライン授業づくりの考え方について見てみましょう。

　　1）固定観念に囚われない
　　2）オンラインありきの本末転倒にならないように
　　3）対面で行う授業を見直すきっかけに

　オンライン授業は、その言葉からPCやタブレットの前に座る教師と画面の先に映る学習者が想起されてしまいがちです。しかし、「講義動画を作らなければならない」「新しいアプリを使わなければならない」と考えてしまうと、創造的な授業づくりどころか、どんどんと固定化されたイメージの授業に近づいていってしまいます。ICTを扱うのが苦手であれば、「私が使えるツールは何だろう」と考えることから始めてみましょう。

　オンライン授業はインターネットで講義や教材を配信したり、PCやタブレットなどのインターネットに接続された端末を介して行う授業ですから、ICT機器を使う必要は必ず出てきます。しかし、ICT機器やオンラインツールをたくさん使った授業が「自分らしいオンライン授業」かというと、決してそんなことはありません。オンライン授業といっても、機器やツールが主役ではありません。主役は授業であり、そこで学ぶ学習者です。ですから、たくさんのICT機器やオンラインツールを使おうとせず、自分の得意なICT機器やオンラインツールで始めて、自分が使える限られた機器やオンラインツールでどうやったら学習者の学びを支援できるのか、を考えることが大切です。

　そして、万人にとって最高の授業が存在しないのと同じように、オンライン授業が最も素晴らしい教育手法ということもありません。対面授業の知見はオンライン授業に活かすことができますし、その逆もまた然りです。オン

ライン授業づくりについて創造的になると同時に、そこで実現できたことを対面授業にどう活かせるかばかりを考える、オンライン授業と対峙する私、という閉じられた視点で見るのではなく、オンライン授業や対面授業が自身の教育手法の幅を広げるものと捉えてみると、「オンライン授業もおもしろそう」という気持ちに変わってくるのではないでしょうか。

3. オンライン授業は焦らず、着実に

オンライン授業の輪郭が見え、まずは自分の得意なICT機器やオンラインツールを使って少しずつ挑戦してみるということをお伝えしてきました。しかし、本当に自分の得意なものだけで大丈夫なのだろうか、と不安に思う方もいるかと思います。大丈夫です。安心して自分の得意なものから始めてください。ただ、自分の得意なものだからと言って、片っ端からトライ＆エラーというのはあまり効率的とは言えません。ムーア・カースリー（2004）は授業で使用するメディアを選択するときの考え方として、以下の4つの視点を提示しています。

1) 授業の目的や学習活動にとって必要なメディアはどのようなものかを見極める。
2) 学習者の特徴を把握して、学習者の好みに合うメディアかどうかを見極める。
3) 使用するメディアが学習者の学習環境に合っているものかを見極める。
4) 組織的な制約やコスト、現在使用しているメディアとの関係性などから考えて、使用を想定しているメディアを使用したり維持することが現実的かどうかを見極める。

先述したように、ICTを授業で使うことが目的となってしまうと本末転倒であることに加えて、教育リソースは時の流れに応じて古くなっていきます。特定のICTを使うということが、授業の中でどのような意味を持つのか

を、時代・学習者・教育効果の観点から意識しておくことが大切です。

　そして、オンライン授業を作っていく際にもう一つ大切な点があります。それは「焦らず、着実に」ということです。文部科学省は「もはや学校のICT環境は、その導入が学習に効果的であるかどうかを議論する段階ではなく、鉛筆やノート等の文房具と同様に教育現場において不可欠なものとなっていることを強く認識する必要がある」（文部科学省2019: 25）と述べています。ICTを教育に取り入れていくということは避けては通れませんし、むしろ積極的に取り入れていく方向へと動いていくでしょう。このような新しい動きがあるとき、人がどのように動いていくか、ということを示したのが図2です。

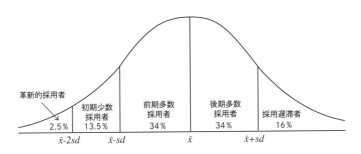

図2　イノベーション理論（ロジャース（1990: 356））

　新しい製品や取り組みが発表されるとすぐに飛びつく人たちがいて（革新的採用者）、そして徐々に浸透し（初期少数採用者）、約半数の人たちが取り入れます（前期多数採用者）。そして、このような動きを見て、徐々に取り入れる人たちがいて（後期多数採用者）、最終的に全体から遅れた形で取り入れていく人たちがいる（採用遅滞者）という流れになります。このような図を見ると、自分は採用遅滞者にならないように、オンライン授業もどんどんと他の人の取り組みを取り入れていかなければと思ってしまうかもしれません。しかし、日本語教師が相手にしているのは新しいコンピューターでも、高性能な翻訳機でもありません。オンライン授業を何の準備もなく、ただ取り入れていくことは「百害あって一利なし」です。自分らしいオンライ

ン授業が現状でしっかりと計画できているならば、他の人のいいアイディア
を積極的に取り入れていくことを目指したいところですが、まずは自分の授
業づくりからという方は、他の方の取り組みを横目で見ながら、自分の目の
前の学習者に効果が期待できることがはっきりわかるまで待つぐらいの気持
ちで、授業づくりに専念していく方が「自分らしいオンライン授業」への近
道です。

　ここまでオンライン授業の分類、オンライン授業に向けての心構えなどを
見てきました。オンライン授業の大枠は理解していただけたかと思います。
第 2 章では、実際に試行錯誤の中で開始したオンライン授業がどのようなも
のだったのか、いくつか事例を見ていきたいと思います。今回は日本国内の
大学（第 1 節）、日本語学校（第 2 節）、地域日本語教室（第 3 節）、海外の大
学（第 4 節）、オンラインコース（第 5 節）と、それぞれ目的や対象としてい
る学習者が異なる日本語教育現場から 5 つの事例を扱います。これらの事
例の中には、読者の皆さんの現場に近く、自分の姿と重ね合わせて取り組み
を感じることができる事例もあるかと思います。また、一方でまったく関
わったことのない現場の事例もあるかもしれません。けれども、ぜひ自分か
ら遠いと感じる現場での事例にも目を通していただきたいと考えています。
なぜなら、そのような現場の事例にこそ、自身がこれまで見てきた日本語教
育の現場とは異なる景色が広がっている可能性があるからです。当たり前だ
と思っていたことが当たり前ではなく、今まで考えたこともなかった発想が
それぞれの現場には散らばっていることかと思います。そのようなさまざま
な現場に潜んでいる背景とそこから生まれる発想に興味を抱きながら、自身
の向き合う現場ではどのような実践を行っているか、その際にどのようなこ
とを考えて授業を組み立てているかなどについての思考を深めていっていた
だければと思います。

<注>

1. ハイフレックスの授業については、本書では触れませんが、いくつかの大学で行
   われたオンライン授業の事例が紹介されています。

   京都大学 CONNECT「ハイブリッド型授業とは」<https://www.highedu.kyoto-u.ac.

jp/connect/teachingonline/hybrid.php>

東京大学 utelecon「グッドプラクティスの共有」<https://utelecon.adm.u-tokyo.ac.jp/good-practice/>

東北大学オンライン授業「グッドプラクティス」<http://onlg.cds.tohoku.ac.jp/>

東北大学オンライン授業ガイド「ハイブリッド型授業」<https://olg.cds.tohoku.ac.jp/forstaff/hybrid_type>

📖 参考文献

秋山貴俊・長瀬拓也編（2020）『ゼロから学べるオンライン学習』（石井英真監修）明治図書出版

ムーア, G. M.・カースリー, G.（2004）『遠隔教育――生涯学習社会への挑戦――』（高橋悟編訳）海文堂出版

文部科学省（2019）「新時代の学びを支える先端技術活用推進方策（最終まとめ）」<http://www.mext.go.jp/a_menu/other/1411332.htm>（2021 年 5 月 21 日閲覧）

ロジャーズ, M. E.（1990）『イノベーション普及学』（青池愼一・宇野善康監訳）産能大学出版社

第2章

オンライン授業の
実践を知る

第1節

映像を軸とする対話重視の オンライン授業デザイン

保坂敏子

授業名	映像を使った中上級聴解授業 （前期：オンライン・オフラインのブレンディッドラーニング）
実施時期	2020年5月〜2020年8月（前期）
対象者	交換留学生4名（国内在住1名）、正規留学生1名（国内在住）。 学習者のレベルは、N2に合格した程度。
授業概要	1. NHK for Schoolなどのテレビ局の公式サイトや、各テレビ局の YouTube公式チャンネルなどの動画を授業内で個別に視聴させ、それをもとに学習者たちの対話を中心に進める聴解授業。 2.（授業中）Zoomを使った同時双方向の教室（メインセッション）で、テーマとタスクを導入。その後、学習者はオフラインで個別に動画教材を視聴しながら、タスクに取り組む。決められた時間にZoomの教室に戻り、ブレイクアウトルーム機能でグループに分かれてタスクの結果について話し合う。最後に、メインセッションに戻り、クラス全体でタスクの結果や疑問点について討論を行う。 3.（授業後）教室外活動として、授業で視聴した内容について疑問に思ったことや自分の意見を、指定された学習者がBBS（掲示板）に記入（200字程度）。他の学習者はそれにコメントする。BBSの書き込みについては次回の授業の最初に討論を行う。
利用ツール	Zoom、LMS（manaba）のBBS・教材配布・レポート管理機能
気をつけたこと	●同時双方向の一斉授業とグループ活動の間に、オフラインの個別学習の時間を取り入れることで、学習活動にメリハリをつけた。 ●聴解タスクの課題は、対話を促すよう、内容理解だけでなくメディアリテラシーや異文化間理解につながる質問を設定した。 ●テーマに対する学びを深めるだけでなく、遠隔地にいる学習者同

士のつながりが築けるよう、対話の時間を多く取り入れた。
- ●授業後の活動においても、学習者同士がお互いの存在を感じながら学びが深められるように、互いの考えを BBS で交換する課題を設定した。
- ● BBS への書き込みを活性化するために、意見を書く人を指定し、それ以外の学習者にもコメントの記入を義務づけた。

授業名	**映像を使った中上級聴解授業　（後期：反転授業）**
実施時期	2020 年 9 月～ 2021 年 1 月（後期）
対象者	交換留学生 1 名、正規留学生 1 名（国内在住）。学習者のレベルは、N2 に合格した程度。
授業概要	1. 反転授業形式で、NHK for School などのテレビ局の公式サイトや各テレビ局の YouTube 公式チャンネルなどの映像資料の事前学習を課し、それをもとに、学習者同士の対話を中心に進める聴解授業。 2.（事前学習）教材動画の URL 情報と課題プリントを LMS で配布。学習者は、プリントに沿ってテーマとキーワードについて自学自習をした上で、映像を視聴しながら内容理解タスクに取り組む。結果を LMS に提出する。 3.（授業中）Zoom 教室（メインセッション）で事前提出された内容理解タスクについて確認する。その後、学習者はブレイクアウトルーム機能でグループに分かれて、テーマについて討論する。最後に、メインセッションに戻り、話し合いの結果を報告する。 4.（授業後）教室外活動として、授業で疑問に思ったことや自分の意見を、指定された学習者が BBS に記入（200 字程度）。他の学習者はそれにコメントする。BBS の書き込みについては次回の授業の最初に討論を行う。授業で視聴した教材の一部をディクテーションする課題を宿題として課し、次回の授業で読み上げて確認する。
利用ツール	Zoom、LMS（manaba）の BBS・教材配布・レポート管理機能
気をつけたこと	●前期には授業内で個別学習として実施していた動画教材の視聴を事前学習に移動させることで、学習者が自分のペースで聴解タスクに取り組めるようにした。

1.　2020年はオンライン授業元年か？

　2020年は「オンライン元年」だと言われています。果たして、オンライン授業は2020年の新型コロナウイルス感染症のパンデミック（以下、コロナ禍）により始まった教育形態だと言えるのでしょうか。

　確かに、2020年の前期に約90％の大学が全面的なオンライン遠隔授業を実施し、それは、後期になっても全面オンライン授業だけでなく対面授業とオンライン授業の併用という形で継続しました。一度オンラインだけで授業ができることがわかったわけですから、これまでなかなか普及しなかったオンライン授業も、今後は何らかの形で残っていくでしょう。

　しかし、日本語教育分野では、それ以前から、大学レベルや個人レベルでのICT利用の取り組みがありました。たとえば、東京外国語大学や筑波大学などではe-Learning教材やオンラインテスト、携帯でも使える学習アプリなどが開発され、それを使ったブレンディッドラーニング《➡「用語集」参照》なども国内外で実施されていました（藤村他2010; 大津他2011; 小林2005; 加納・魏2012; 酒井・小林2012など）。筆者の所属先である通信制大学院は、日本語教育の専門家を育成していますが、1998年の創設以来ずっとLMS（Learning Management System: 学習管理システム）《➡「用語集」参照》とWeb会議システム《➡「用語集」参照》を使って研究指導を行ってきました。一方、個人レベルでも、電子メールやメーリングリスト、ブログなどを授業に利用する事例が散見されました（石田1995; 深井・佐藤2007; 徳永2008など）。筆者自身も通学課程の大学で学ぶ留学生のために、e-Learning教材の開発やクラスホームページの作成、BBS（Bulletin Board System: 電子掲示板）の授業活用などを行ってきました。オンラインの遠隔授業は、2020年より前から機関レベルでも個人レベルでも大学教育の中で実施されていたのです。

　ただ、以前からずっとICTの教育利用に取り組んでいた大学や個人であっても、コロナ禍の中で対面授業を全面的にオンライン授業に移し替える作業には、それなりの苦労が伴いました。そこで、ここからは、ICT利用に少しは慣れていると思っていた筆者が、授業の全面的なオンライン化に対してどのように取り組んでいったかを見ていきましょう。

2. 2020 年以前の ICT を使った聴解授業デザイン

まず、2020 年初頭にコロナ禍が始まる以前の、ICT を取り入れて実施していた授業について見てみましょう。筆者が利用していたのは主に BBS です。BBS に着目した理由は、学習者同士の対話を促進したいと思ったからです。BBS に学習者がそれぞれの考えを書き込むことで、お互いに何を考えているかが理解できますし、それについて話し合うことができます。そして、その対話により、新しい気づきが生まれ、自分の認識を広げて、深い学びにつながるのではないかと思いました。言語学習の面から見ても、BBS に自分の考えを書き込むという課題においては、授業で学んだ語彙や表現などを必然的に使う必要があり、自然な文脈の中で言葉を使いながら言語能力や自己表現能力の向上が図れるだろうと考えました。

2.1 授業デザインのねらい

この聴解授業の受講者は、日本国内の大学の日本語・日本研究講座で学ぶ中上級レベルの留学生です。この授業を履修する学習者の出身国・地域は、アジア、アメリカ、ヨーロッパ、オセアニアと幅広く、年齢や身分も 20 代の交換留学生から、30 代の大学院生、40 代の訪問研究員など、多岐にわたります。教室はまさに小さな多言語・多文化社会と言える状況にあるというわけです。近年、グローバル化が進んだ多言語・多文化社会の中で、言語教育において相互理解や対話の重要性が唱えられていますが、筆者は、このような多言語・多文化社会である教室の中で、対話を重視した授業を展開することは重要なことだと考えていました。そして、その考えを実現するために、「学び」とは、対象世界（テクスト）との対話、他者との対話、自己との対話の三つの対話で構成される対話的実践であるとする、佐藤学氏の「学びの三位一体論」（佐藤 2003; 佐藤 2015 など）を授業デザインの枠組みにすることにしました。

中上級レベルのクラスは、中級レベルの学習が終わった学習者が、上級レベルを目指して学習を始める段階に位置づけられます。履修する学習者の言

語能力は、日本語能力試験（以下 JLPT）で言えば、N2 レベルに合格した程度です。JLPT とはレベル設定の考え方は異なりますが、ヨーロッパ言語共通参照枠（Common European Framework of Reference for Languages; 以下 CEFR）で言うなら、「聞く」技能が B1 レベルの半ばから B2 レベルの半ばぐらいのレベルというイメージになるでしょう（福島 2011）。ですから、中上級レベルの聴解授業の内容は、N1 レベルや B2+ レベルと呼ばれる B2 の後半レベルが到達目標の目安になります。それぞれの聴解に関するレベルの目安は、具体的には次のように記述されています。

〈N1 レベル「聞く」〉
　幅広い場面において自然なスピードの、まとまりのある会話やニュース、講義を聞いて、話の流れや内容、登場人物の関係や内容の論理構成などを詳細に理解したり、要旨を把握したりすることができる。
（国際交流基金・日本国際教育支援協会 2012）

〈B2 後半レベル「包括的な聴解」〉
　生であれ、放送であれ、身近な話題でなくとも、個人間、社会、学問、職業の世界で通常出合う話題について、標準語で話されれば理解できる。周囲の極端な騒音、不適切な談話構成や慣用表現だけが理解を妨げる。
（吉島・大橋訳・編 2014: 25）

　このレベルになると、聴解授業の教材は、教師が TV の番組を録画したものや、DVD になった映画や TV ドラマ、アニメ、ドキュメンタリーなど、いわゆる「生」のリソースになります。教師は、数あるリソースの中から自分の学習者に適した素材を探し出し、聴解タスクなどの課題を考え、紙ベースのプリント教材を作成することになります。この授業では、TV の報道番組を録画したもの、そして、映画や TV ドラマの市販の DVD を教材としました。そして、JLPT と CEFR のレベル設定を外部基準に、学生のニーズや大学教育としての言語教育に求められるニーズ、このレベルの学習者の問題点などを多角的に検討した上で、この授業の目標として、以下の二つを設定

しました。

TV番組や映画など生の映像資料の視聴と討論を通じて、
1）現実生活で求められる中上級レベルの聴解スキル・聴解ストラテジーが使えるようになる。
2）教材の伝えるメッセージ、社会文化的背景や価値観、制作者の意図などを読み取り、意見が交換できるようになる。

使用する教材は、TV番組の録画や映画のDVDといった生の映像資料です。大学の対面授業なら、このような資料を教材として使うことに著作権上の問題はありませんでした《➡詳しくは第3章参照》。

2.2 BBS を利用した対面聴解授業の流れ

この授業では、映像資料という対象世界との対話、学習者や教師といった他者との対話、そして、自己との対話を重視する観点から、それぞれの対話を促すツールとしてBBSを取り入れました。1回90分の授業の流れとBBSの位置づけは図1の通りです。この授業は、1週間に1回、最終試験の週を除いて、14週にわたって実施します。

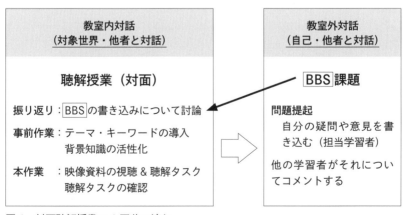

図1 対面聴解授業の1回分の流れ

　まず、各回の対面授業では、視聴前の事前作業で映像資料の内容に関する背景知識を活性化し、聴解タスクを確認した後、映像資料を視聴しながら聴解タスクに取り組みます。その後、聴解タスクの答えや疑問点について部分的に視聴しながら質疑応答を行うという流れです。

　聴解タスクの内容は、①内容理解質問（登場人物の情報の聞き取り、内容の要点の聞き取り）、②キーワードなど言語・表現に関する質問、③社会・文化的背景に関する質問、④メディアリテラシーに関する質問などで構成されています。③と④については、解釈が分かれて討論につながる設問になるよう工夫しました。対面授業の教室内でのこの活動は、対象世界と他者との対話を意図したデザインとなっています。授業終了後、その日に学んだ内容について、疑問点や意見を BBS に書き込む課題を教室外の宿題として課しました。意見を書き込むのは、事前に決めた2〜3人の学習者で、その他の学習者には書き込みにコメントするという役割を課しました。そして、次回の授業の最初に、振り返りの時間を設け、その BBS の書き込みについて討論を行うことにしました。授業後の教室外の活動は、自己との対話、他者との対話を意図したデザインということになります。教室外の対話を教室内で振り返ることにより、対話が対話を生むという循環ができることを目指しました。

　この授業で使用する BBS はコンピューター関係の専門家の友人に作成を依頼し、専用サイトで閲覧できるようにしました。図2は実際に使用していた BBS の様子です。今なら、BBS ではなく、Slack や Padlet などの無料の情報共有サービス／ツールでこのようなやりとりをすることが可能だと思います。

　この授業で使った BBS は、図2のように、一人の学習者の疑問点について他の学習者がコメントをするという極めて単純な形ではありますが、書き込まれたコメントは多様で、教室内での振り返りでは、活発な討論へと導いてくれます。もし BBS を使用せずにこのやりとりを行ったとしたら、担当の学習者が1週間後に問題提起を行い、他の学習者は1週間前の内容を思い出しながらその場で討論することになりますので、深い対話や討論の活性化は望めないでしょう。BBS を使うことで、学習者は教室外で授業の内容を忘

れないうちに好きな時間に気軽にコメントが書き込めますし、他の人の書き込みが情報共有されているので、自分の考えを深める機会にもなるでしょう。こうして教室外の学習が、教室内活動につながるようにしました。

図2　授業で使用した BBS

　この授業では、授業ごとにBBSを使用するだけでなく、一つの単元が終わるごと、つまり、一つの映像資料に関する学習が終わる際に、その単元で印象に残ったことを200字〜400字にまとめてBBSに書き込む課題を全員に課し、お互いのコメントを読み合う活動を行いました。BBSを使用して問題提起やそれに対するコメントの書き込み、それについて討論をすることを通し、映像資料の内容や言葉、背景にある日本の社会・文化への理解、メディアリテラシーに関する気づき、さらには、学習者同士の異文化間の理解が深まることをいつも実感していました。

3. 2020年度のオンライン聴解授業

　コロナ禍により、日本各地の大学で2020年度前期の授業をすべてオンライン授業にするという決定が次々とくだされました。前節の授業に関しても、4月に入ってから前期授業をすべてオンライン化するという通知が大学から届きました。新学期の始まりは、5月のゴールデンウィーク明けで、準

備期間は約 1 ヵ月でした。その後、8 月には後期授業もオンライン授業になることになりました。本節では、授業のオンライン化に向けてどのような準備をしたか、前期の授業はどのような授業デザインとしたのか、前期の問題を踏まえて、後期にはどのような授業デザインに改変したかについて見ていきます。

3.1　オンライン授業化に向けた検討

　前述の中上級レベルの聴解授業をオンライン化する際に、まず大きな課題となったのは、オンライン授業で教材として使用できる映像資料を探すことでした。オンライン授業は、対面授業と違って、「公衆送信」による授業ということになります。同期型《➡「用語集」参照》の同時双方向授業だと同時公衆送信、非同期型《➡「用語集」参照》のオンデマンド授業だと異時公衆送信になります。2019 年度までの著作権法では、ある教室で実施している授業を、同時双方向で別のサテライト教室に配信する場合は、著作物は対面授業と同じ扱いができました。しかし、コロナ禍の状況では、学習者は教室に集まることができないため、オンライン授業は、教師も学習者もそれぞれの自宅から個別に参加する多地点 1 対 1 対 1 型（保坂 2020）となります。つまり、対面授業と同じように他人の著作物を授業では使えないということです。この問題に対応するために、2021 年に著作権法が改正されることになっていました。この改正に伴い、「授業目的公衆送信補償金制度」が設けられ、営利を目的としない教育機関では一定の額の補償金を SARTRAS（一般社団法人授業目的公衆送信補償金等管理協会）に支払えば、授業の目的で必要と認められる範囲で著作物を公衆送信することができるようになる予定でした。それがコロナ禍に対する緊急措置として、この制度が 1 年前倒しされ、2020 年度から適用されることになりました。しかも、2020 年度は無償ということになりました。これは、大学をはじめとする学校教育機関においては朗報でした。ただ、TV 番組や映画の録画、市販の DVD、YouTube の動画などの映像資料を、同時双方向型の授業で画面に提示することは可能なのか、オンデマンドの課題として LMS などにアップロードして異時公衆送信をし

ていいのかなど、詳しいことは不明でした。そこで、まず、そのことについてTV局やSARTRASに問い合わせたり、著作権の専門家に尋ねたりして情報収集を行いました。その結果、残念ながら明確な答えは見いだせず、その時点では、映像資料を同時双方向型授業の画面に提示したり、オンデマンド課題の資料としてLMS上にアップしたりすることは避けた方がいいという結論に至りました。一方、授業を実施する大学からも、映像資料を扱う場合は、学習者にURLの情報のみ提示するようにという連絡が届きました。そこで、この授業においては、Web会議システムを使った同期双方向のやりとりをしているときに、PCで映像資料を画面共有しないこと、そして、映像資料のURLの情報を学習者に提示して自分のPCで個別に見てもらうようにすることを決めました。それを前提に、公開期間が十分に設けてあり、学習者にURLを提示するだけで済む映像資料を探しました。

　TV局の公式サイトやTV局のYouTube公式チャンネルには、ニュースやバラエティ番組などが公開されています。しかし、「クローズアップ現代＋」のように公開期間が1週間などと限定されている場合が多く、授業の教材として使うには十分な期間だとは言えませんでした。一方、映画やTVドラマについては、NetflixやGYAO、Amazon Primeなど公式で有料の映像配信サイトが多数あります。また、「見逃し配信」という形で1週間だけ無料配信するなど、期間限定で無料で視聴できるサイトもあります。もちろん学習者に有料の配信サイトを指定するわけにはいきませんから、無料の配信サイトを利用することになります。しかし、期間限定付きの無料配信では、聴解タスクを作成する準備期間や授業の実施、事後の課題までを考えると、公開期間は十分なものではありませんでした。さらに、聴解授業としては、考慮すべき問題がもう一つありました。各TV局のニュースはほとんどの場合、文字おこし資料を併せて提供しているという点です。現実の生活で求められるような文字に頼らず聞き取る聴解スキルを伸ばすことを目標とした場合、このような映像資料は教材として適切ではないということになります。聴解授業のオンライン化における以上のような数々の課題を検討しながら、中上級レベルの聴解授業に適した生の映像資料を探すのは、至難の業でした。

　以上のように、さまざまな制約や条件について検討を重ね、中上級レベル

のオンライン聴解授業で使用する映像資料として、以下のものを取り上げることにしました。

1）NHK for Schoolの資料：「昔話法廷」「メディア・タイムズ」
2）NHK公式サイトの資料：オンラインニュース、「アニ×パラ」
3）TV局公式YouTubeサイトの資料：ニュース特集（インタビュー対談）、ドキュメンタリー番組

　これらの映像資料は、URLだけで学習者がいつでもどこからでも見ることができます。オンラインの聴解授業に適した資料だと言えるでしょう。また、それぞれのサイトには、複数の動画クリップが提供されていますので、具体的にどの映像資料を使うかは、登録者の興味や関心に応じて選択することにしました。ただ、これらの映像資料には、一つ問題がありました。動画の長さが5～15分程度と短いという点です。つまり、対面授業のように45分～1時間半程度のまとまった長さの映画やTVドラマ、ドキュメンタリーをオンラインの聴解授業では使えないというわけです。中上級レベルのこのクラスの教材として、この点について少し物足りないという感じは否めませんでした。

3.2　2020年度前期の聴解授業のデザイン（オンライン・オフラインのブレンディッドラーニング）

　今回のオンライン聴解授業は、対面で実施していた授業の移し替えなので、授業のレベルや想定される学習者、授業のねらいや目標、そして、BBSを使う方向性に変更はありません。また、開始が遅くなりましたが、週に1回90分を最終試験の週を除いて14週実施する点も変更はありません。これを前提に、聴解授業のオンライン化で最大の難問であった教材が概ね決まったところで、オンライン授業の手順について検討しました。

　まず、このオンライン授業の実施にあたっては、大学から、ZoomとLMS（manaba）がオンライン授業化のために提供されました。そのため、授業形

態は、①Zoomを使った同時双方向授業、②LMSを使ったオンデマンド授業、③①と②の組み合わせという三つの選択肢がありました。ただし、①を選ぶ場合は、学習者の通信量の負担を考慮するようにという条件が付きました。学習者は自宅からオンライン授業に参加するわけですから、それぞれの通信環境が違います。たとえば、通信環境が整った自宅に住んでいる場合は、制限なくインターネットが使えますが、自分のPCを持たず、パケット通信で契約している携帯電話を使って授業に参加するような場合、通信量に制限があり、すべての授業を同時双方向型にしてしまうと授業に参加できなくなるといった問題が生じます。授業をデザインする際には、この点についても考慮する必要がありました。ただ、この問題については、今回、1コマ90分の授業をすべて同時双方向授業とするのではなく、非同期のオンデマンド授業などと組み合わせ、90分の授業相当とすることを認めるというお知らせも届いていましたので、その範囲の中で考えることができました。以上のような制約と条件を勘案しながら、もとの対面授業のねらいであるBBSを使った対話の促進と授業目標はそのまま変えないで、授業方略と手順について検討を重ねました。その結果出した結論が、ZoomとLMSを使ったオンラインとオフラインをブレンドした（ブレンディッドラーニング）聴解授業のデザインでした。1コマの授業の流れとBBSの位置づけ、オンラインとオフラインの時間の組み合わせを図式化すると、図3（次ページ）のようになります。

　まず、このオンライン聴解授業は、時間割で決められた通りの時間にZoomを使った同時双方向の授業を行うこととしました。授業の基本的な構成は、対面授業のときと同じです。Zoomを使ったバーチャルな教室（以下、Zoom教室）の中では、聴解学習の事前作業として一斉授業形式でテーマの導入と背景知識の活性化を行い、本作業で映像資料を視聴し、討論をしながら聴解タスクの確認と疑問点に関する討論を行います。そして授業後に、LMSのBBSに担当の学習者が意見を書き、他の学習者がコメントを書いて、翌週の授業の初めにそれをもとに振り返りの討論を行うという流れです。

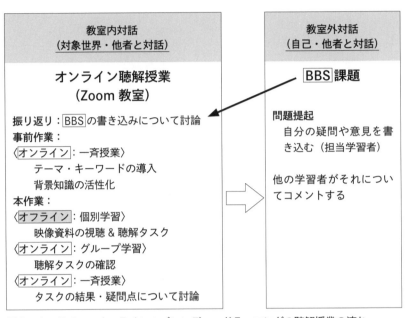

図 3　オンライン・オフラインのブレンディッドラーニングの聴解授業の流れ

　この授業が対面授業と大きく違うところは、Zoom 教室内での本作業の部分です。参加者全員が Zoom のメインセッションに集まる一斉授業と Zoom のブレイクアウトルーム機能《➡「用語集」参照》を使って行うグループ学習、そして、学習者がいったん Zoom から退出してオフラインで行う個別学習を組み合わせています。具体的には、教師は最初に Zoom 教室に集まった学習者に対して、聴解の事前学習として、オンラインの一斉授業形式で導入を行い、次の本作業で使う映像資料の URL を提供します。本作業に入ると、学習者はいったん Zoom 授業から退出し、教師とはオンラインでつながっていない状態になります。そして、提示された URL から映像資料にアクセスして、オフラインで個別に聴解タスクに取り組みます。その後、学習者は決められた時間に教師や他の学習者とつながる Zoom 教室に戻り、Zoom のブレイクアウトルーム機能でグループに分かれて、それぞれの部屋で聴解タスクの確認を行います。そして、決められた時間に Zoom のメインセッションに戻り、一斉授業形式でタスクの結果や疑問点について報告し、討論を行いま

す。これで、Zoom教室での授業は終了です。授業後、オンラインの課題として、指定された学習者がLMSのBBSに疑問点を記入し、他の学習者がそれにコメントを付け、その結果について、翌週Zoom教室内で討論を行う流れは対面授業と同じです。

　この授業で、オフライン個別活動を取り入れた理由は、まず、著作権に鑑みZoomの画面で映像資料を共有しないようにするためです。教育利用における著作物の公衆送信を可能にするべく著作権法が改訂され、それが急遽適用されてはいたものの、前述の通り、映像資料の利用については不透明な点が多く、映像資料の画面共有が可能かどうかの確証が得られていませんでした。それで、画面共有は避ける必要があると思いました。また、学習者は自分のPCや携帯電話を使ってそれぞれ映像資料を見ることになるので、通信量に制限のある学習者に対して配慮する必要もありました。以上のような理由で、オフライン個別活動を取り入れましたが、結果的に自分のペースで聴解タスクに取り組めるというメリットももたらしたのではないかと思いました。これに対して、この授業デザインにオンラインのグループ活動を取り入れたのは、他者との対話により学びを広げることが重要だと常日頃考えており、オンライン授業においてもできるだけ学習者同士が対話する機会を設けたいと思ったからです。そして、学習者同士がお互いの存在を感じられたり、つながりを持てたりできるようにすることもオンライン授業では重要だと考え、グループ学習を毎回取り入れました。オンライン授業では対面授業のように教室で顔を合わせる機会がないため、学習者はお互いにつながりが持てず、孤立感や孤独感を深める場合があると言われています。対話の多いグループ学習は、この問題に授業レベルで対応できるのではないかと考えました。

　この授業では、前述の通りICTツールとしてZoomと同時にLMSとしてmanabaが提供されましたが、このLMSにはBBS機能が付いていたので、今回はLMSのBBSを使用しました。また、各回の授業用教材プリントの配布や最終レポートの収集も、このLMSを使って実施しました。

3.3　2020年度前期のオンライン聴解授業の実践と課題

　2020年度前期の授業は2020年5月〜8月にかけて実施しました。履修登録者は、交換留学生が4名（インドネシア、台湾、フランス、ロシア）と大学院の留学生1名（中国）でした。そのうち交換留学生3名（台湾、フランス、ロシア）は日本国内に入国できず、海外から授業に参加することになりました。海外在住の学習者は時差がありましたが、授業は日本時間で行いました。

　オンライン授業に入れ子式にオフラインの個別活動を差し込んだ授業デザイン自体は、デジタルネイティブ《➡「用語集」参照》である学習者たちにとっては混乱をきたすものではありませんでした。**3.2**で計画したオンラインとオフラインの活動の時間配分は、オンラインの振り返りと事前作業に20分、オフラインの個別学習に30分、オンラインのグループ学習と一斉授業での討論に40分と設定していました。概ねその配分で進めることができたのですが、学習者間の聴解能力に差があるために、聴解タスクに時間がかかる学習者がいたりして、授業内でのタスクの確認に時間がかかって討論を通して対話を深める時間が十分に取れないと感じる場合がありました。BBSの書き込み課題は、対面授業にはなかったグループ学習での対話が増えたためか、クリティカルな問題提起が多く、振り返り時間での討論は活発なものでしたが、学習者からは、もっと聴解練習時間を増やす方がいいという意見も出てきました。授業の進め方については、毎回同じ流れでしたが、段取りに慣れないうちは混乱する学習者もいました。ICTツールについては、Zoomは討論中にときどき機械的な音になったりすることはありましたが、この授業においては大きな問題はありませんでした。LMSも履修者が全員、事前登録されていたので、教材配信などがスムーズにできました。

　以上の実践の結果から、前期のオンライン聴解授業デザインの改善すべき課題を以下の三つとし、後期授業の改善案を検討しました。

　　① 聴解練習の時間を長くすること
　　② 学習者に十分な個別学習の時間を設けること

③ 毎回の授業の進め方を事前に知らせること

3.4 2020年度後期の聴解授業のデザイン（反転授業）

　上述の三つの課題のうち、まず①②を改善するために、後期の授業におい
ては、Zoom教室内で実施していた個別学習を教室外に取り出して、事前学
習として課すことにしました。いわゆる、反転授業《➡「用語集」参照》のデ
ザインです。事前学習を含む1回の授業の流れとBBSの位置づけ、事前学習
とZoomで行うオンライン聴解授業との関係を図式化したものが図4です。

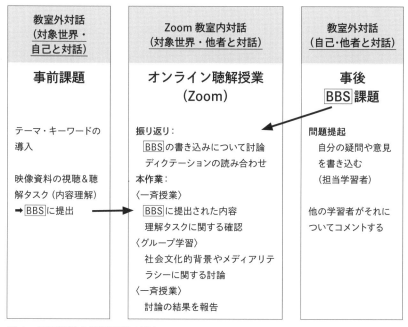

図4　反転授業の聴解授業の流れ

　このオンライン聴解授業では、映像資料のURLと聴解タスク、学習の進
め方のプリントをLMSの教材配布機能で学習者に送ります。学習の進め方
のプリントを配布するようにしたのは、先学期の③の問題に対応するためで

した。事前に配布する聴解タスクは、内容理解の質問のみとします。学習者は、学習の進め方に沿ってテーマとキーワードについて自学自習した後、映像資料を視聴しながら内容理解タスクに取り組んで、LMS の BBS 上に提出して授業に臨みます。Zoom を使った同時双方向の教室では、まず、事前学習でやってきた内容理解タスクについて BBS への提出物を見ながら確認し、その後、ブレイクアウトルーム機能でグループに分かれて、映像資料の社会・文化的背景やメディアリテラシーに関連して疑問に思ったことについて討論を行います。決められた時間にメインセッションに戻り、各グループの報告を行います。授業後に前期と同じように担当の学習者が LMS の BBS に疑問に思った点や自分の意見を書き込み、他の学習者がそれにコメントした上で、次のオンライン授業のときに振り返りの討論をするという流れです。

　前期の授業と違い、後期のこの授業では、視聴する部分が教室外に出たおかげで、学習者は自分のペースで何度も映像資料を視聴することができます。また、内容を理解していることが前提となるので、Zoom 教室での討論をより深みのある内容につなげることも可能になります。後期の授業では、できるだけ長い映像資料を使うように心がけましたが、適当なものが見つからない場合は、同じシリーズの他の映像資料と組み合わせてみるタスクで対応することとしました。事前学習の部分は非同期型オンデマンド授業にあたりますので、この時間も 90 分の授業時間の範囲とみなせますから、Zoom を使った授業は 45 分のみとしました。また、使用した ICT ツールは、前期と同じものでした。

　2020 年度後期の授業は、2020 年 9 月〜2021 年 1 月にかけて実施しましたが、コロナ禍の影響で、来日する留学生の数が減り、登録者は、海外に在住のまま授業を受ける交換留学生（ドイツ）と大学院の留学生（香港）がそれぞれ 1 名とかなり少ない人数となりました。登録者が 2 名で、Zoom 教室で行うグループ学習と一斉授業に違いがなくなったため、Zoom 教室での活動は一斉授業だけということになりましたが、授業の手順や BBS の位置づけなどをまったく変えることなく実施することができました。

4. オンライン授業の先にあるもの

　以上、2020年より前からICTの利用を試みていた筆者がどのように授業を全面的にオンライン化したかについてご紹介しました。授業をオンライン化するためには、学習者や自分自身の通信環境、使用可能なリソース、著作権、自身のICT操作能力などさまざまな壁が立ち現れてきて、それを解決しながらオンライン授業を実現するというのは、決して楽な道ではありませんでした。おそらく多くの日本語教師の皆さんも、同じような経験をされたのではないでしょうか。現在、ハイブリッド型授業、ハイフレックス型授業《➡「用語集」参照》という言葉が次々に現れてきています。このことからもわかるように、オンライン授業は現在も発展途上にあり、「これ」といった正解があるわけではありません。これからしばらくは模索が続くことでしょう。では、私たち教師はなぜそんなに苦労してまで授業のオンライン化に取り組んだのでしょうか。

　それは、オンライン授業というものが「学びを止めない」手段であるということを、教師は直感的に感じ取っていたからではないでしょうか。オンライン授業は、第三世代の遠隔教育だと言われます。遠隔教育は、近くに学校がない子どもたちや、病気などの理由で学校に通えない子どもたちに学びの機会を提供してきました。また、時間的、距離的制約のために学校へ通えない社会人の学びの機会となってきました。日本語教育においても、今回コロナ禍で来日することができなくなった留学生たちが、留学するはずだった日本の大学の授業に遠い国の自宅からオンラインで参加していました。遠隔教育の意義、つまり、オンライン教育の意義は、「教育の機会均等」にあるのです。これまでもオンライン授業はありましたが、今回のことであっという間に普及し、皆さんの知るところになりました。今後何か災害が起きたときには、オンライン授業は学びを続けたい人の「学びを止めない」ために活躍することでしょう。

　では、オンライン授業によって何が変わったと言えるのでしょうか。あるいは、オンライン授業は何を可能にしたと言えるのでしょうか。たとえば、通信制大学院に所属する私にとって、オンライン授業の普及により、通学制

の大学が急激に通信制に近づいてきたように感じています。大学設置基準では、すでに通学制の大学でも 124 単位の中の 60 単位まで遠隔授業で単位が取れることになっています。しかし、今後は上限がもっと上がって、通信制と通学生の境がなくなるかもしれません。そして、今回、外出制限で学校に来られない学習者が、オンラインで学校の教室とつながって学べたり、自分の国の出国制限で来日できない留学生が、自分の国から日本の教室にオンラインで参加して学んだりするなど、移動制限等で学べなくなった人が、オンライン授業を通して学べるようになることを実感しました。学校に通わず、家にいても学べることをオンライン授業は証明しました。これは、リモートワークが会社に行って働くことと家で働くことの境をなくしたことにも通じるでしょう。このように、オンライン授業は仕事と学び、学校と家といった境を取っ払い、シームレスな状況を作り出しました。それは今後、学び方の問い直しにつながるのではないかと思っています。日本語教育も、いつでもどこでも自由に学べることが前提になるかもしれません。このような状況に日本語教師はどのように立ち向かうのか。ぜひみんなで一緒に考えていければと思います。

📖 参考文献

石田敏子（1995）「空飛ぶ教室プロジェクト―電子メールを利用した日本語教育と教師養成の可能性と問題点―」『日本教育工学会大会講演論文集』11, 3.

大津友美・金子比呂子・工藤嘉名子・藤村知子（2011）「e ラーニング教材 JPLANG を用いた統合型学習―中級レベルにおける効果的な学習モデルの提案―」『異文化コミュニケーションのための日本語教育』（ICJLE 世界日本語教育大会（天津）予稿集）, 342-343.

加納千恵子・魏娜（2012）「筑波日本語テスト集（TTBJ）の開発と使用（2）」*CASTEL/J 2017 Proceedings* <http://2012castelj.kshinagawa.com/proceedings/Koutou/21/21_3_5_Kano.pdf>（2020 年 11 月 30 日閲覧）

国際交流基金・日本国際教育支援協会（2012）「N1～N5：認定の目安」（日本語能力試験公式サイト）<https://www.jlpt.jp/about/levelsummary.html>（2020 年 11 月 30 日閲覧）

小林典子（2005）「言語テスト SPOT について―用紙形式から WEB 形式へ―」『日

本語教育論集』20, 67-82.

酒井たか子・小林典子（2012）「筑波日本語テスト集（TTBJ）の開発と使用（1）」
CASTEL/J 2017 Proceedings <http://2012castelj.kshinagawa.com/proceedings/Koutou/
21/21_3_4_sakai.pdf>（2020 年 11 月 30 日閲覧）

佐藤学（2003）『教師たちの挑戦—授業を創る　学びが変わる—』小学館

佐藤学（2015）『専門家として教師を育てる—教師教育改革のグランドデザイン—』
岩波書店

徳永あかね（2008）「第 11 章　日本語教育と ICT」吉田晴世・松田憲・上村隆一・野
澤和典編著、CIEC 外国語教育研究部会著『ICT を活用した外国語教育』東京電
機大学出版局、pp. 180-194.

深井美由紀・佐藤慎司（2007）「レベル別によるブログの使用例」*CASTEL/J 2007
Proceedings*, 265-268. <http://castelj.kshinagawa.com/proceedings/files/Poster08%20
Fukai.pdf>（2020 年 11 月 30 日閲覧）

福島青史（2011）「社会参加のための日本語教育とその課題—EDC、CEFR、日本語
能力試験の比較検討から—」『早稲田日本語教育学』10, 1-19.

藤村知子・芝野耕司・佐野洋（2010）「教室授業との併用における e ラーニングの効
果的な利用—学習履歴の分析より—」『2010 年度日本語教育学会秋季大会予稿
集』, 291-296.

保坂敏子（2020）「日本語教育における遠隔教育—オンライン授業のデザイン指針を
探る—」『日本大学大学院総合社会情報研究科紀要』21, 177-188.

吉島茂・大橋理枝訳・編（2014）『外国語教育 II—外国語の学習、教授、評価のため
のためのヨーロッパ共通参照枠［追補版］』朝日出版社

日本語学校の事例

第 2 節 日本語コミュニケーション力の育成を柱に

学校法人長沼スクール　東京日本語学校

（代表執筆：小山千恵・高橋えるめ）

授業名	**2020 年度春学期・夏学期・秋学期** **コミュニケーション日本語コース**
実施時期	春学期：2020 年 4 月〜 2020 年 6 月 夏学期：2020 年 7 月〜 2020 年 9 月 秋学期：2020 年 10 月〜 2020 年 12 月
対象者	学習者の国籍構成：約 40 ヵ国 主な学習目的：将来の就職や生活に活かすため、趣味など多種多様
授業概要	生活に役立つ実践的な日本語から、日常的な話題、社会的な話題、さらには興味のある専門的な分野まで、総合的に日本語を学び、卒業後の各人の目的に対応できるコミュニケーション能力と表現力を養うためのコース。 1. 総合的に日本語を学び、卒業後の各人の目的に対応できる日本語によるコミュニケーション力と表現力を養う。 2.（45 分×4 コマ／1 日）×11 週 3. インタラクティブなやりとりによる表現の導入と場面・話題ごとの運用力の育成
利用ツール	・Zoom（授業用 4 コマ） ・Google Classroom（学習者との連絡、学校からのお知らせ、資料・課題等の受け渡し） ・サイボウズ Office（教師間、学校から教師への連絡用に使用）
気をつけたこと	● 対面授業同様にインタラクティブにやりとりをし、学習者に発話機会を多く与える。 ● Zoom ブレイクアウトルームによる話し合い、Google ドキュメントや Jamboard などを使った協働作業を積極的に取り入れ、主体性を持って取り組める課題を設定する。

●コロナ禍で学習者が孤独感・疎外感を持たないよう、クラスを超えた交流機会や、教師との個々のやりとりができる時間を設ける。
●学外の日本人と触れ合う機会を提供し、日本語使用のモチベーションを高める。
●通常授業以上に「にっこり！はっきり！」伝え、学習者からのフィードバックを確認しながら授業をする。

1. 学校教育改革

　長沼スクールは戦後間もない1948年に設立された日本語学校です。「養成講座で創立者の方の教授法を習いました」という方から「学校もまだあったんですね！」というコメントをいただいたこともあります。そのようないわゆる「古い」学校と「オンライン授業」とはあまり結びつかないかもしれません。実際に、オンライン授業を開始しようと決めた時点では「いつでもできます」という状態にあったわけではありませんでした。当校のオンライン授業は、学習者の学びを止めないために、教職員が奮闘して急ピッチで築き上げてきたものです。

　もともと、当校は創立者長沼直兄が提唱した「ナガヌマ・メソッド」と呼ばれる教授法を踏襲してきましたが、その考え方の基盤になるのは「言語教育の目的はお互いのコミュニケーションを可能にすること」であり、「教室では運用力養成を重視しなければならない」というものです。その精神のもとで、新たな教え方を取り入れつつ、社会のニーズ、学習者の国籍や目的の変化に応じて、より効果的な教育のあり方を模索してきました。

　また、この10年ほどの間には、特に管理業務面での業務をできるだけ効率良く円滑に行えるよう、学生管理システムやクラウド型校内ネットワークツールを導入し、ICT化を行ってきました。

　2019年度は「改正出入国管理・難民認定法」や「日本語教育推進法」が施行され、外国人に対する日本語教育に、初めて国や自治体、企業の責任が示されることとなりました。どちらも、日本語教育の世界がこれまでとは違ったステージに移ったことを示す出来事でした。

　このように社会が大きく動いていく中で、変化にしっかり対応していくた

め、「当校が目指す学校」を言葉で表し、外にも内にも示していくことが必要だと考えました。そして、2019年夏に「長沼スクール教育ポリシー」を策定しました。これによって、外に対しては、数多ある日本語学校の中で、当校がどのような学校なのかを明確にし、内に対しては、教育を見直していく際に皆が同じ方向を向いて考えていく機軸とするのがねらいでした。

　ポリシーには、どのような人に入学してほしいか、どのような教育を行っていくか、どのような人を輩出するか、ということが書かれています。当校には「コミュニケーション日本語コース」「ビジネス日本語コース」「進学コース」という三つのコースがありますが、どのコースでも目的に合った日本語コミュニケーション力の育成に注力していくこと、自律的学習者を育てていくことを強く打ち出しています。

　このポリシーに沿って、評価のあり方、試験方法、授業の進め方などについて具体的に再考していきました。たとえば「コミュニケーション日本語コース」では、初級から上級まで授業のCan-doを見直して学習者にもしっかり把握できるものにすること、タスク活動を多く取り入れていくこと、評価も課題達成を重んじ、1回の試験で決めるようなものとしないことなどを取り決め、具現化する作業を進めました。初級ではWeb小テストを作成し、何度もやってみることができるようにし、自己学習を促すことにしました。会話テストの評価も細かい文法の間違いよりも課題達成ができたかどうかを重視するものにしました。中級・上級でもWeb化できるものはしていくこととし、教科書の各単元にさまざまなタスク活動を組み込んでいきました。

　このような新たな教育の方法について皆で議論していくことを目指して、教師研修も行いました。日本がコロナ禍に見舞われる直前まで行われたこの研修では、コースやグループが違うために通常はまったく接触のない教師同士が話し合い、意見をぶつけ合うことによって、これまでにない横のつながりができました。また、この研修は対面で行っていましたが、Zoomでの参加もできるようにし、Googleフォームでの事前アンケート回収やGoogle Classroomによる情報共有も行いました。それによって、教師がそれらのツールに慣れることもできました。

　当校がオンライン授業に取り組むことになったのは、2020年2月の末でし

たが、新たな教育方針に基づいた各コースの教育の見直しや教師研修は、急遽突入したオンライン授業を可能にした大きな要因となっています。

2. オンライン授業の起ち上げ

2020 年 2 月の末に授業形態を変えることになった当初は、ネット上で双方向のやりとりをする「オンライン」の授業と、課題を出し添削してやりとりする「オフライン」の組み合わせで行っていく「遠隔授業」とすることを決めました。この「遠隔授業」の実施を決めた翌々日からスタートするという、まさに緊急事態でした。

　授業が行える仕組みを作る際には当校のシステム管理や ICT 化の中心となっている EduTech センターという部署が大きな役割を担いました。同センターがまず、さまざまなツールを検討しました。それを踏まえ、Google の G Suite（2020 年 10 月より Google Workspace と名称変更）を導入し、Google Classroom を作成して、全教師と全学習者にアカウントを配布しました。端末（PC、スマホなど）の所有状況や機器のスペック、Wi-Fi 環境についての調査も行いました。

　また、学習者との双方向のやりとりができるようにするために、Google Classroom の他に Zoom や LINE を使っていくことにしました。LINE については教師の間でも考え方の違いがあり、クラスの連絡ですでに使用している人もいれば、使わないと決めている人もいたため、一斉に使うことにはしませんでした。Zoom については、まったく使用経験のない人もいたので、使える機能から使っていくこととしました。

　Google Classroom や Zoom や LINE など、どのツールを使うにしても教師のサポートが必要でした。そのため、ICT に知見のある教師たちを「ICT チーム」としてサポート体制を整えていきました。ICT チームは、まず、EduTech センターと協力し、教職員間の連絡ツールとして利用しているクラウド型グループウェア《➡「用語集」参照》「サイボウズ Office」の掲示板上に教師が質問や情報交換ができるスレッドを立ち上げました。投稿された質問には、ICT チームだけでなく、誰でも答えられる人が答えるようにと呼びか

けました。ICTチームメンバーも授業を持っており、即時回答というわけにはいかないからです。教師からの質問は、「Zoomで学習者に音声を聞かせるには？」「PDFの一部だけ取り出すには？」「学習者の声が聞こえない場合の対処法は？」など、ツールの使い方からトラブル解決方法に至るまでさまざまでした。ICTチームは、この実際のQ&Aを「サイボウズOffice」のカスタムアプリに「遠隔授業FAQ」としてまとめ、さらに自問自答の形で有用な情報も加え、皆が参照できるようにしていきました（図1）。これは遠隔授業実施の手引きと言えるものになりました。

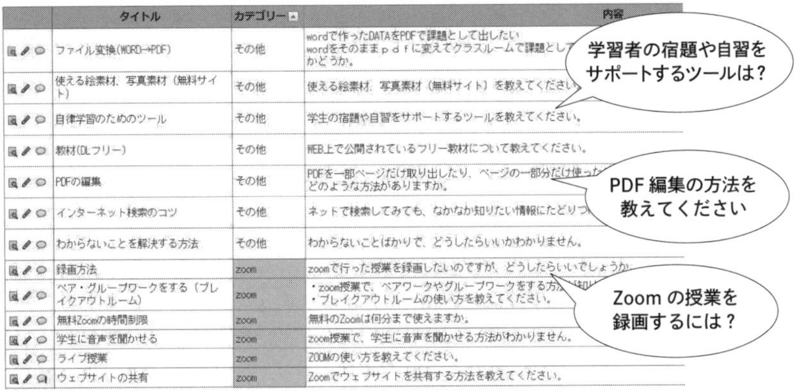

	タイトル	カテゴリー	内容
	ファイル変換(WORD→PDF)	その他	wordで作ったDATAをPDFで課題として出したい wordをそのままｐｄｆに変えてクラスルームで課題として かどうか。
	使える絵素材、写真素材（無料サイト）	その他	使える絵素材、写真素材（無料サイト）を教えてください
	自律学習のためのツール	その他	学生の宿題や自習をサポートするツールを教えてください。
	教材(DLフリー)	その他	WEB上で公開されているフリー教材について教えてください。
	PDFの編集	その他	PDFを一部ページだけ取り出したり、ページの一部分だけ使った どのような方法がありますか。
	インターネット検索のコツ	その他	ネットで検索してみても、なかなか知りたい情報にたどりつ
	わからないことを解決する方法	その他	わからないことばかりで、どうしたらいいかわかりません。
	録画方法	zoom	zoomで行った授業を録画したいのですが、どうしたらいいでしょうか
	ペア・グループワークをする（ブレイクアウトルーム）	zoom	・zoom授業で、ペアワークやグループワークをする方 ・ブレイクアウトルームの使い方を教えてください。
	無料Zoomの時間制限	zoom	無料のZoomは何分まで使えますか。
	学生に音声を聞かせる	zoom	zoom授業で、学生に音声を聞かせる方法がわかりません。
	ライブ授業	zoom	ZOOMの使い方を教えてください。
	ウェブサイトの共有	zoom	Zoomでウェブサイトを共有する方法を教えてください。

図1　遠隔授業FAQ

また、上記スレッドでは、実際に授業で行った取り組みの紹介や、新たにオンラインで公開された情報なども皆で載せていくよう促し、それについてやりとりできるようにしていきました。

授業をオンライン化する際、ICTのスキルが高い教師は、他の教師に直接アドバイスできる他、教育現場でやりたいことの内容を、仕組みを作る側（たとえば、EduTechセンター）にうまく伝えることができるため、大変重要な存在だと言えます。この大変な事態を乗り越えるために、ICTチームが常に率先して動き、丁寧に対応してくれることに力を得て、すべての教師が努力し、短期間にスキルを上げていくことができました。

3. 長沼スクールにおけるオンライン授業の概要

2020年4月からの春学期は、感染症拡大のため、3週間延期して開始することとしました。この3週間は本格的にオンライン学習のモデルケースを構築する期間となりました。それまでに考えてきた教育の方法をオンラインで実施するためのチームリーダーたちがコンテンツ作成計画を立て、他の教師とともに在宅勤務で準備していきました。またICTチームやコース主任が、希望する教師にZoomの活用勉強会や模擬授業を頻繁に行ったこともあり、この期間でオンライン化を一挙に進めることができました。

春学期以降は、それまで「遠隔授業」としていた授業の呼び名を「ネット授業」として、全校一斉にZoomで双方向授業を、Google Classroomで課題や連絡のやりとりをすることで進めることにしました。実際の取り組みについては後述します。

春学期開始にあたっては、教師用と学習者用の「ネット授業の注意事項」をまとめました。これには、出席などの基本的ルールの他に、デジタル社会において責任ある行動がとれるよう指導するため、学習者や教師の肖像権、配布資料の著作権に関することも記載してあります。授業開始前に必ず全員で確認することとしました。また、学期途中にGoogleフォームで中間アンケートを行い、教師と学習者の機器やネット環境、接続状況について調査を行い、問題がある人には個別にアドバイスやサポートをしました。教師には「ネット授業」のいい点、悪い点についても聞き、全体に改善すべきことを収集しました。

感染の拡大状況を見ながら、密集を避けるため、1日に全校の5分の1のクラスが登校し、他のクラスはオンラインで授業を行う分散登校も組み込みました。ただし、登校したクラスの中にはZoomで参加する学習者もいるため、各教室には、教師用PC（Zoomのホスト）と教室内を映すPC（こちらもZoomにつなぐ）を1台ずつ、Zoom画面を映して対面の学習者に見せる大型モニター1台を設置しましたが、教室内で間隔をおいて着席している学習者の声はPCだけでは拾いにくく、双方向の授業になりません。そこで、教室の学習者の声を拾う集音マイクとスピーカーを内臓したスピーカーフォ

ン1台を設置しました。これで何とかハイブリッド型授業ができるようになりました（図2）。

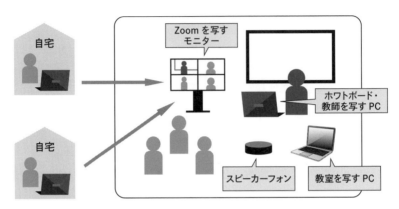

図2　ハイブリッド型授業

　授業は何とか軌道に乗ってきましたが、どうしても希薄になってしまう学校とのつながり、学習者同士のつながりを作るため、学校イベントもオンラインでやろうと呼びかけました。そして、日本の物語の朗読やオリジナルストーリーの発表を全クラスがZoomで録画し、視聴して投票するイベントや、「アニメの部屋」「早口言葉に挑戦」「野球を語ろう」などのさまざまなZoomのブースを学習者が自由に訪問し、教職員と一緒に楽しむイベントなどが実現しました。イベント終了後、学習者からInstagram（インスタグラム）で「楽しく幸せな時間だった」という感謝のメッセージもありました。手探りで準備を進めてきた教職員も学習者からの声は大変うれしく、励まされました。

4. オンライン授業の個別事例紹介

　学内でのオンラインシステム整備が進む中、各教師は初めてのオンライン授業と格闘する日々が続いていました。中級、上級ではZoomとGoogle Classroomを使った授業が協働学習や主体的学習を育んでいきましたが、も

ともと長沼スクールが初級で重視していた直接法（場面をその場で作って運用を見せ、聞かせることで導入していくやり方）は壁にぶつかることになります。オンラインでは何がやりにくく、何がやりやすいのかも初めのうちはわかりませんでした。学習者の集中力を高め、オンラインの短所を補い、長所を積極的に取り入れて、コミュニケーション力を育成するための試行錯誤の事例をご紹介します。

4.1 画面を超えて—オンラインならではの授業—

以下にご紹介するのはオンラインならではの工夫が活かされている試みです。こちらには数例しかご紹介できませんが、ネット授業の開始によって、すべての教師が初めてのことに取り組み、さまざまな気づきを得たのではないかと思います。

取り組み例① 「オンライン渋谷・代々木案内」（報告：パンディアまい）

対象：特別プログラム（2020年9月〜12月）。中級〜中上級クラス（2クラス）。全員ヨーロッパ在住の学習者。計6名。

企画の動機：コロナ禍で、来日できないことがわかったため、本来通うはずであった学校や毎日見るはずであった街並みを身近に感じてもらうとともに、生の日本を見せたかった。

手順・内容：学校↔渋谷駅の道のりを、スマホを使用し、対話しながらゆっくり見せてまわった。代々木案内ではその日の教材で出てきた内容に沿った居酒屋の外看板なども見せ、教科書から飛び出して生の日本語に触れさせた。街を映すときは普通のカメラ（アウトカメラ）、質問をしたり受けたりするときはインカメラに切り替えながら、マイクイヤホンを付けて案内した。

学習者の反応・感想：来日経験がある学習者からはまずは「懐かしい」という声が多かったが、目に見えるものすべてが新鮮だったようで「あれは何ですか」「それは新しくできたデパートですね」と普段よりも学習者からの質問や発話が多かった。特に渋谷でよく見られる広告ト

　ラックに興味を持ったようで、それが何なのか、何のためにそれがあるのかなど会話が弾んだ。学習者たちは同時にPCで調べることもできるので、来日したときの日本と現在との比較や思い出の品などをオンタイムでお互いに見せて共有することもできた。来日経験がない学習者は目をキラキラさせて「アニメの世界のようだ」と感動していた。カメラ越しの通りすがる人に「お疲れ様です」と挨拶をしていた。学習者からの感謝の声も多く、満足度も高かった。

教師の気づき・感想：

・学習者全員に共通していたことだが、リアルなものを見せることで、学習者の自主的かつ積極的な発話が促せた。

・目に映るものから会話が自然に発展していくのが最大の利点であると感じた。

授業の様子

取り組み例②　「Jamboardマインドマップを使った自己紹介」

（報告：福澤由香）

対象：コミュニケーションコース上級Ⅰ前半クラス（2020年10月〜12月）
　　　　台湾（3）、インド（2）、ポーランド（1）、韓国（1）、中国（1）計8名

企画の動機：学期の初めにお互いを知るために自己紹介を行う。初級から何度も自己紹介をしているため、飽きている学習者が多いので、視覚的にわかりやすく楽しく自己紹介できたらいいと考えた。また初対面ではなかなか自分をアピールできない学習者にとっても、マインドマッ

プを使った方が普段の自己紹介では思いつかない話題について話すことができるので効果的であると思った。教室授業では紙にマインドマップを書いていたが、オンラインではマインドマップを書くのは難しいと思い、操作が簡単なJamboard（ジャムボード）を使うことにした。

手順・内容： Zoomでのオンライン授業の中でJamboardを共有して自己紹介し、質問し合う。

1) Jamboardの新しいページを作成する。
2) 教師の例を作成する。
3) 学習者にJamboardの使い方を説明する。
4) 付箋機能を使って学習者がマインドマップを作る。まずキーワードを書いてから、さらに枝を伸ばすように話題を広げていく。文章ではなく単語で書く。
5) ブレイクアウトルーム《➡「用語集」参照》を使って、ペアになり自己紹介を行う。自分では名前と国だけを話し、聞いている学習者は相手のマインドマップのページを見て質問する。
6) 何度かペアを変えて、質問し合う。
7) 時間があれば全員メインセッションに戻り他己紹介をする。自分と共通点が多かった人を探して発表するという方法もある。

学習者の反応・感想： この自己紹介の方法は学習者たちに好評であった。今まで新学期の自己紹介の時間はたいていみな緊張し、話したくない、手短に終えたいと思っているようだったが、マインドマップを使って自己紹介をすると非常に盛り上がり、時間が足りないという様子だった。口頭で自己紹介をすると「趣味は旅行です」と言った場合、「一番良かった国はどこですか」などと質問すると思うが、マインドマップに実際に行った場所が細かく書いてあれば、「この国にも行ったことがあるんですね。私も行きましたよ。いつ行きましたか。○○を見ましたか。○○を食べましたか」など細かく質問することができる。また話している方も話し忘れがなく、話が行ったり来たりしないので頭を整理して自己紹介をすることができるようだった。そして、話す

のが苦手、緊張しやすい学習者も、この方法を用いればスムーズに自己紹介ができていた。Jamboard を使えば全員のマインドマップをみな見ることができるので、ペアになれなかった学習者がいたとしても、大体の人柄を知ることができるのもいい点であった。教師にとっても他の教師へ引き継ぎする際も便利であった。

教師の気づき・感想：

・ネット授業で難しいのは学習者によって ICT スキルが異なるということだ。今回実際に授業を行ったクラスはみな ICT スキルが高く、新しいアプリやソフトに抵抗がないクラスだったのでうまくいったと思うが、クラスによっては難しいと思う。

・この自己紹介以外にも、Jamboard を使って「七夕の願い事を書く」、「SDGs（私たちにできること）を考えるプロジェクトワーク」を実施した。こちらも受け身ではなく、司会・タイムキーパー・書記を決めて行ったので、学習者にとっては楽しいワークとなったようであった。SDGs について考える授業は司会を中心に意見を発表し、意見を整理しながら書記が付箋の位置を変え、クラスのオリジナルマップを作成することができた。オンライン授業が続くとどうしても受け身になり、集中力が下がってくる。これらの活動は学んだことがアウトプットでき、主体的・対話的で深い学びにつながるのではないだろうか。

図 3　「七夕の願い事を書く」（Jamboard 使用）

取り組み例③　「ゲストを招いての授業」（報告：野川環）

対象：特別プログラム（2019年9月〜2020年6月）。中級前半1名、中級後半6名。計7名。全員ドイツ人。

企画の動機：今まで通り自由に外出することができない、また外で日本人と話すようにすすめることもできない中で、語彙のコントロールをしている教師との会話ではなく、普通の日本人との生の会話を経験してほしいと思った。

事前準備：和歌山県の呉服屋の若女将をゲストとしてネット授業に招き、質問した。彼女は学生時代に出会った筆者の友人で、日本文化に携わる仕事をしており、SNSでも積極的に発信していたため、適任だと考えた。ゲストには、当日の流れを説明し、日本語力の問題で意図せずに失礼な言い方をする可能性を予め伝えた。また、普段通りの和歌山弁で話してほしいこと、学習者の発言が不明なときは遠慮なく聞き返してほしいことなどをお願いした。

内容：〈ゲストが来る前〉

　　1）　着物について知っていることや、着物に関係する仕事でどんな仕事があるかなどを話してのイメージづくり

　　2）　和歌山の場所を日本地図で確認

〈ゲストが来てから〉

　　3）　Zoomを使って、学習者の代表から挨拶と自分たちのプログラムの紹介

　　4）　ゲストから自己紹介

　　5）　学習者からゲストに質問（ときどきゲストから学習者に質問）

　　6）　学習者の代表からお礼の挨拶

学習者の反応・感想：ゲストと話すときは、普段の授業より一生懸命話していた。学習者はそれぞれの視点から質問ができていた。「絹と木綿の着物の違い」、「特別なときに着る着物の色があるのか」、「着物が作られる工程」、「着付けの難しさ」についてなど着物そのものに関する質問から、女将への「どうしてこの仕事をしようと思ったのか」、「仕事で楽しいと思うことは何か」、「どこで着物のことが勉強できるのか」

など、さまざまな質問が途切れることがなかった。生の日本語なので、中級前半の学習者は少し難しいと感じたようだった。

教師の気づき・感想：

- ・ゲストに会うことで、学習者のモチベーションが上がったようだ。諦めずに最後まで話そうとしていた。
- ・教科書の本文に出てくるようなことを、実際に聞けたのが良かったと思う（例：ここ50年ぐらいで着物を着る人が減ってきた。きれいなものはお殿様にあげて、庶民は残ったものを使って…など）。
- ・教師が話せないような、呉服ができるまでの話なども質問して聞くことができていた。
- ・ちょうど方言の授業の後だったので、本物の和歌山弁を聞くことができ、知識を実体験と結びつける機会になった。
- ・普通の日本人との生きた会話を楽しみ、日本文化に触れるという目的を達成した。
- ・スライドを用意したりするともっとわかりやすく伝えられるのではという気持ちはあるものの、スピーチではなく質問に答えるという形式であること、またゲストにはご好意の範囲で来ていただいていることなどから、その場の会話のみとした。

　以前から卒業生や日本の企業人を招いての授業はありましたが、このように遠隔地から気軽にゲストスピーカーを招いて授業することも容易になりました。入国規制がある中でも学習者が各国から参加することができたのはオンライン授業の大きな利点でした。

　また、状況によって入国規制が変わる中、各国の学習者がオンラインで授業に参加することができたのは、学習者の学びを止めないためには大きな利点でした。海外参加者の話す各国の様子は、ニュース映像とは違うリアリティーをクラスにもたらしました。

　さらに、物理的な距離を超えるだけでなく、逆説的ではありますが、オンライン授業はこれらの取り組み例のように「現実」を授業に取り込みやすいというのも大きな発見でした。学習者が主体的に取り組める協働作業を設定

したり、「現実」との接点をつないだりすることで、学習者の学習意欲を高めるサポートができ、自ずと主体的な学びにつながると実感しています。

4.2　三次元から二次元へ

　当校の初級ではいわゆる「ナガヌマ・メソッド」（①直接法、②音声重視、③問答法と呼ばれるQ&A）で文法項目を理解させ、定着させていくやり方をとっていました。たとえば「貸す」「借りる」「返す」を導入するなら、実際に教室で教師がペンを忘れて出席簿に記入できない状況を作り、借りて使用し返す中で、たくさんのQ&Aをして導入していきます。オンラインでは同じ場で同じ場面を共有できないことに、初級チームの教師たちは非常にやりにくさを感じました。

　「ここ・そこ・あそこ」などの指示詞はPCを持って校内ツアーに出て使用して見せる、画面に近寄って学習者と一緒に部屋の中の遠いところにあるものを「あそこ」と指すなどの工夫もしました。「あげる・もらう・くれる」などの授受動詞もプレゼント一つ持っていけば教室では事足りるのですが、オンラインではそれができません。そのため、初級チームではMicrosoft PowerPoint（以下PPT）で音声付スライドを作成することにしました。音声付きスライドとは、PPT作成時に「挿入」→「オーディオ」で教師の音声を録音し、それをスライドショーにしたものです。作成した音声付きスライドをYouTubeで限定公開し（詳細は後述）、Google ClassroomでURLを学習者と共有しました。

　これは後から考えると、二つの意味で功を奏したと思われます。一つは、学習者の学習スタイルが変わる中、家庭学習用にも提供できる文法書以外のものができたこと。もう一つは、インターネット環境が悪い学習者にとって、途切れ途切れに教師の発音を聞くのではなく、動画で完全に近い形の発音が聞けるということです。後者についてはオンラインでの授業を始めてみるまではわかりませんでしたが、海外から参加している学習者の中にはネット環境が悪い者もおり、こちらの音声がそのまま届いていない場合もあるようです。

取り組み例④　「ネット授業用PPT作成」（報告：宮本玲子）

対象：進学コース・コミュニケーションコースの初級前半（3ヵ月）・後半（3ヵ月）の学習者（2020年4月〜2020年12月現在も使用中）。約40ヵ国。延べ14クラス。

企画の動機：ネット授業になり、教室で問答法による導入ができないことから、文型の意味用法の理解の助けとなるように、通常の授業ではあまり行わない文法説明の動画を作成した。教科書付属の文法書を読むだけでなく、音声による解説や例文を聞いて新出文型や語彙を理解してもらうことを目指した。当初は導入文型ごとに活用形や意味用法の説明を教室のホワイトボードに板書し、既存の絵カードを使って教師が音声による説明と問いかけをする動画を撮影し、YouTubeで配信する予定だった。しかし、2020年4月の緊急事態宣言の発出によって、教室を使っての撮影が難しくなったので、PPTに音声をつけて動画化することにした。学校で導入したG Suite（2020年10月よりGoogle Workspaceと名称変更）内のGoogleスライドも検討したが、直接録音できて手軽なことから、PPTで作成することにした。

手順・内容：当校の初級用オリジナルテキスト『いつでもどこでも話せる日本語』BookⅠのL1〜L22、BookⅡのL23〜L38の全38課中、L1〜L10は課ごとに1本、L11〜L38は課ごとに2本の動画を作成した。動画作成に関わった総人数は7名。作成期間は約4ヵ月。各自テレワークで、午前中は授業をしながら個々に作業を行った。分担する上で、文字の大きさ・色、フォント、活用形の示し方、強調部分の囲み方などを統一するとともに、通常の授業と同様に問いかけるような形で導入することを申し合わせた[1]。スライドを作成し、説明音声を挿入後、スライドショーをmp4にエクスポートしてYouTubeで限定公開し、URLをGoogle Classroomで共有した。

　使用方法としては、もともと、問答法のやりとりで学習者の理解を確認しながら、学習項目の導入を進めていたので、この動画はオンデマンド授業として完結したものではないという共通認識があり、補足のやりとりが必要だと考えた。使用開始した1学期目は、授業中に動

画を見る時間を作り、その後、補足のやりとりをした。2学期目は、Zoomで各教師が導入をし、意味用法の理解や復習のためにGoogle Classroomに動画のURLを配信しておき、授業後に見るように指示をした。Zoomでの導入の際には、できるだけ動画で配信したスライドを使うようにし、理解につながるようにした。1学期目、授業内に動画を見る時間を取った際には、大部分の学習者が真面目に見てくれた。しかし、中にはその時間にいなくなる学習者や、見ても理解できない（聞き取れない）学習者がいたため、2学期目は方針転換した。3学期目は予習復習と限定せず、Google Classroomにアップして、理解の促進や聞き取り練習のため、必ず見るように指示した。

学習者の反応・感想：動画を見ていない学習者もいる一方、復習のためテスト前にもう一度見直す学習者や、クラスをやめても動画だけは見たいという学習者などもいた。学期の初めには学習者から、動画配信の催促もあり、活用されていることがわかった。聞き取りができる学習者、意欲のある学習者は積極的に活用していた。

教師の気づき・感想：

・入門期、聞くのが苦手な学習者は対面のときより聞くことに難しさを感じていると思われる。そのような学習者にとっては、動画を見ることで「聞いて理解する」練習になるのではないか。

・文型説明のスライドを教師も共有することができるので、スライド順を変えたり、自分でアニメーションをつけたりして、教師が自由に導入やドリルで活用できる。

・スライドの使い方を柔軟に変えていく必要がある。

・学内で作成使用しているe-ラーニングや学外の情報源へのリンクをつけるのはどうか。

・動画をGoogleフォームに取り込み、簡単なクイズをつけるとモチベーションが上がるのではないか。

　遠隔授業を開始した2020年2月末時点では、教師はZoomに慣れておらず、一日4コマ、Zoomでの授業が可能か、確信が持てませんでした。教師の負

担も考え、たとえばオンラインZoom 2コマ、コンテンツ利用授業1コマ、課題作成フィードバック授業他1コマでも良いと考え、各コース各レベルに委ねました。しかし、冬学期の残り期間にそのような授業を行ったクラスの中には、4コマのやりとりに慣れていた学習者たちからもっと話す時間を確保してほしいという意見もありました。その意見をICTチームと共有してオンライン用のシラバスを作成し、学習者にも提示して、2020年の春学期からは4コマすべてZoomで授業が行われました。

　上級クラスの学習者（イタリア人の女性）が久しぶりの対面授業でこんな感想を述べていました。「何となく、日本語の勉強が停滞しているように感じていたけど、教室に来て、みんなと勉強し、ああ、私は日本語の勉強が好きだったんだと思い出しました」。

　三次元の対面授業から二次元のネット授業へと場面設定を移す中、対面授業の良さとは何だったのかと考えてみることが多くなりました。リアルな場では感動や感情が伝わりやすく、同じ場の空気を吸い、暑さ寒さを共有し、視覚聴覚だけでない全感覚を介して作るつながりは、信頼関係を早く築きやすいのではないかと思います。人を好きになることがすぐできるのも、リアルな場面の魅力だと思います。教師やクラスメートが好きになると学習意欲もわきます。日本語学習の到達度を上げるという目的が達成されることの他に、対面授業は人のつながりを作るという大切な役割があるのかもしれません。二次元の授業の可能性もわかってきた一方、三次元のリアルな対面授業の価値も実感することになりました。

5.　オンライン授業で気をつけていること

　教師アンケートによると、オンライン授業では、教師は対面授業とは違う点にも気をつけていることがわかります。

◆機器や通信状態について気をつけていること
- 機材のソフトウェアやアプリのアップデート。
- 自分のネット環境（接続やセキュリティー）を整備する。

・画面共有などの、見せたり聞かせたりするための操作や移行作業に時間を使わないように何度も練習し、学習者を待たせる時間を作らないようにする。
・画面共有しているつもりのものがきちんと見えているか確認する。
・データ容量が重くならない程度に準備しておき、すべてがスムーズにいくように万全にしておく。具体的には、Zoomで画面共有する資料などはその授業時間に使用するものだけをデスクトップに開いておくこと、PPTもなるべく動画は埋め込まず、アニメーションも最小限にすることなどを心がけている。
・Zoomがつながらなくなったときには Google Classroom で連絡を取り合うことを予め学習者と決めておき、そのようなときに備えて自習用教材も Google Classroom に「下書き」でアップロードしておく。

◆オンラインでのコミュニケーションで気をつけていること

・対面授業のときより伝わりにくいことを覚悟し、にっこりはっきり伝える。
・声がきちんと届いているか、こまめに気を配る。
・教室授業以上に学習者の表情に気を配る。表情から、あるいはミュートをオフにした（＝発言しようとしている）学習者を見逃さないように努力する。
・カメラオフの学習者を忘れずに指名する。
・人とのつながりがない中、少なくとも授業だけは楽しめるよう、楽しい話題・話したくなる話題（例文）を提供し、肯定的なフィードバックを多くするよう心がける。
・教師対学習者のみのやりとりでなく、ブレイクアウトルームなどで、学習者同士のつながりも保つようにする。
・教師と学習者の人間関係をきちんと作ること、問題がありそうな場合は早めに話し合うこと。
・質問の仕方を工夫する。たとえば、「Aですか。トムさん」と、クラス全体を集中させるために、必ず名前を後に言うように研修を受けたが、

そうすると学習者がミュートを外すのを待たなければならない。テンポ良く授業を行うために、先に名前を言い、質問を聞きながらミュートを外してもらっている。集中力が下がらないように、たまには質問文の中に答える人の名前を言い、いつ呼ばれるかわからないという緊張感は保つようにする。

・次の学習項目に移る前や各授業の終わりに、必ず質問やコメントをもらう時間を設ける。

　オンラインでも授業をうまく進めるには、対面授業と同様、学習者と教師、学習者と学習者との信頼関係を構築できるかが鍵になりそうです。

6.　オンライン授業の課題とこれからの取り組み

　教師、学習者双方のインターネット環境の整備は言うまでもなく、オンラインならではの課題も見えてきました。特に初級では必須の発音練習が、インターネット環境によって難しいこともあります。また、初級の手書き訓練をどこまで続けるかも要検討課題です。早くタイピングに慣れると作文や宿題、テストなどの提出や添削が容易になるとは思いますが、初級では手書きで漢字なども覚えなければ字形の認識が難しいのではないか、また手書きでもメモなどが書けるようになってほしいという意見も強いのです。

　テストに関しても Web テストを自宅でやって本当に力が測れているのかという問題提起もあり、テスト自体の考え方について議論がなされています。実生活と同様に種々の手段を駆使して作文や会話のパフォーマンスができればいいのではないか等、まだ結論には至りませんが、今後大きく変わっていくのではないかと思われます。

　テレワークの教師同士のつながりを保ち、雑談的なコミュニケーションをどう増やすかも、オンライン体制での課題でした。教師同士の雑談の中で、授業のヒントを得たり、やりたいイベントの話で盛り上がったりしていたことを考えると、新しい発想が生まれる自由な環境としての雑談が重要なことであったとわかります。そのために、主任やリーダーが一定の時間、コミュ

ニケーションできるZoomを開けることや、取り組み例の共有会なども試みました。今後、初級・中級・上級の各レベルに合ったオンライン授業のあり方を改善していくためには、上意下達の研修ではなく、それぞれの取り組み事例を共有して、一人ひとりがより良い授業を作っていくことが望まれます。そして、その場を提供し、教師を支援していくのが、学校の役目ではないでしょうか。

　教師アンケートで今後取り組みたいことを聞いたところ、次のようなアイディアが寄せられました。

1)　コンテンツの充実：「一人でも学べるように学習効果を考えたコンテンツの開発が必要だと思う」「初級の学習項目の導入動画を作りたい」
2)　リアルな場面を授業に取り込むアイディア：「学習者による自宅での料理教室や町を紹介する動画の作成」
3)　授業の組み立てやカリキュラムの改善：「教室よりも集中力が持たないと思うので、授業の組み立てに工夫が必要」「オンライン授業としての各レベルのカリキュラムの見直しも考えたい。要所要所にモチベーションを上げるための交流やゲスト招待などができるといいと思う」

　オンライン授業を経験したことで、日本語教師も世の中に数多あるツールが授業やコミュニケーションに使えることに気づきました。オンライン授業で、やりたいことも見えた一方、ICTに関する知識の足りなさも痛感しています。ハイブリッド型授業、ハイフレックス型授業《➡「用語集」参照》に適した教材や授業デザインは？　オンライン授業は何分でまとめるのが最適か？　学習者が自習するためのモチベーションを上げる仕掛けは？　今後、考えていくべきことも尽きません。学習者が学びやすく、教師も余裕を持って臨める授業を目指して、今後はオンラインの利便性を活かしつつ、人とのつながりを大切にする教育を続けていきたいと思います。

＜注＞

1. フォントサイズは、タイトル 44pt、文型 36pt、例文 28pt で、すべて MSP ゴシック。活用部分は四角で囲み、その上に「N、A、V た形」のように、品詞や活用形を表示し、文型として取り上げられている部分は赤字で示した。基本的に教科書の例文を使い、意味がわかるように絵を入れた。

🔍 参考 Web サイト

「Google Classroom」<https://edu.google.com/intl/ALL_jp/products/classroom/>

「Jamboard」<https://jamboard.google.com>

「Zoom」<https://zoom.us>

第 3 節 学びを止めないための地域日本語教室のチャレンジ

下川有美

授業名	日本語教室「とすにほんごひろば〜とりんす〜」
実施時期	2018（平成 30）年 6 月〜
対象者	鳥栖市内に住む 18 歳以上の外国人（留学生を除く）
授業概要	1. 1ヵ月に 2 回、10 時 30 分〜12 時まで、Zoom を活用してオンラインで日本語教室を開催。 2. 外国人住民のセーフティーネットとして、外国人が日本で生活する上で必要な日本語や生活のルール、文化、風習などについて学ぶ場を提供。
利用ツール	Zoom
大切にしたこと	●どのような状況においても学びを止めない。

1. 鳥栖市の概要

　鳥栖市は、佐賀県の東端にあり、福岡県との県境に位置しています。また交通の要衝という地の利を活かし、県内最大の内陸工業都市として、これまでに204社の企業と進出協定を結んでいます（2021年1月21日現在）。

表 1　鳥栖市の概要　　　　　　　　　　　　　※ 2021（令和 3）年 1 月 1 日現在

総人口	73,975 人（県内で 3 番目に多い）
外国人人口	1,299 人（県内で 2 番目に多い）
外国人比率	1.76 %（県内で 1 番多い）
主な国籍	ネパール、ベトナム、中国、フィリピン、韓国など（28 ヵ国）
主な在留資格	留学、技能実習、永住者、技術・人文知識・国際業務、家族滞在など

　外国人人口は、10年間で2.2倍に増加しています。2015（平成27）年度に鳥栖市で2校目の日本語学校が開校されたこと、2017（平成29）年度に留学生が進学できる専門学校が開校されたこと、人手不足による技能実習生の増加が主な理由です。

　現在、専門学校を卒業した留学生が、市内に就職するケースが少しずつ出てきました。今後は、母国にいる家族を呼び寄せる外国人も増加することが予想されるため、中長期的に住む外国人が増加していくと思います。近い将来、日本人と同じように、出産や育児、教育、福祉など、幅広い支援が必要になっていくと思われます。

2.　多文化共生事業のはじまり

　2014（平成26）年5月に、鳥栖市在住の留学生に対し生卵等を投げつけるという事件が発生し、ニュースに取り上げられ対応に追われました。外国人の人権を脅かす悲しい事件でしたが、これが、国際交流事業を中心に行っていた本市の取り組みを多文化共生事業へと方向転換するきっかけとなりました（表2）。

表2　鳥栖市の多文化共生事業

1）国際交流イベント「こくさいカフェ」
2）市報とす「こんにちは鳥栖！」
3）市報とす「やさしい日本語クイズ」
4）市報とす「外国人の人権を守りましょう」
5）市ホームページ「がいこくじんのかたへ」
6）出前講座「やさしい日本語」や「多文化共生のまちづくり」
7）日本語教室「とすにほんごひろば―とりんす―」

　2014（平成26）年度に初めて開催した国際交流イベント「こくさいカフェ」は、2年目以降、年に3回ずつ開催するなど、本市の多文化共生事業のシンボルとなりましたが、「市内に一つしかない日本語教室が、教師の高齢化などを理由に2016（平成28）年度で閉鎖されてしまう」という新たな

課題が生まれました。

　日本語教室が外国人に対してどのように日本語を教えているのかさえ知らなかった私たちが、日本語教室を開くのには多くのハードルがありました。しかし、文化庁の「『生活者としての外国人』のための地域日本語教育スタートアップ事業」を活用し、アドバイザーのサポートを受けながら、日本語教育事業に取り組むこととしました。

3. 「地域日本語教育スタートアップ事業」から「外国人のための日本語教育事業」へ

　ここでは、2016（平成28）〜 2018（平成30）年度の文化庁「地域日本語教育スタートアップ事業」から、2019（令和元）年度の鳥栖市主催「外国人のための日本語教育事業」までを紹介します。

　まず、2016（平成28）年は、閉鎖する日本語教室へのヒアリングや教室会場の視察など、日本語教室開設に関する情報収集を行いました。外国人住民の日本語学習の状況や日本語能力・学習ニーズなどを調べるためにアンケート調査・分析を行い、県や県国際交流協会、コーディネーター候補者と意見交換をするなど、情報共有を図りました。また、先進地視察を行い、目指すべき教室の形について検討し、関係者と情報共有を図りました。

3.1　日本語教室「とりんす」の誕生

　2017（平成29）年には、日本語教室のボランティア「にほんごパートナー」を募集し、オリエンテーションや養成講座を行いました。

　また、アドバイザーやコーディネーターと、どのような日本語教室にするのか議論を重ね、「生活者としての外国人住民に対して、日本語や日本の文化、ルール、風習などを学ぶ場を提供する」ことを目的とし、日本語教室「とすにほんごひろば〜とりんす〜」と名付けました。

　「とりんす」とは、鳥栖の方言で「鳥の巣」という意味で、市民にはなじみのある言葉です。この「とりんす」で、日本語や日本のルールなどを学ん

で巣立っていってほしいという願いを込めています。

　さらに、教科書を使い、文法積み上げ式で日本語を教えるのでは、仕事などで参加できなかった学習者は学習に遅れが出てしまい参加しづらくなるため、テーマを設定し、1回完結型で実施することにしました。

　2017（平成29）年11月に、日本語教室「とすにほんごひろば～とりんす～」のFacebookページを開設しました（鳥栖市役所2017）。現在では、日本語教室関連のお知らせだけではなく、台風や大雨の災害情報や避難情報、特別定額給付金や国勢調査など、幅広い情報をやさしい日本語で提供しています。

3.2　とりんすの本格スタート

　2018（平成30）年から、外国人も日本人も一緒に「楽しく学び合う」をモットーに掲げ、6月から3月まで、月に2回、日本語教室を開催しました。

　年間20回を着実に開催するために、成功した内容や反省点、情報共有、課題解決などを話し合うアドバイザー会議やコーディネーター会議を重ね、試行錯誤の1年間でした。学習者は、技能実習生や研修生、日本人の配偶者などが主な参加者で、延べ221人、にほんごパートナーは延べ124人と、たくさんの方にご参加いただきました。

　とりんすで取り組んでいる内容は、表3の通りです。

表3　学習内容

テーマ	主な内容
防災	消防署見学、地震、台風、防災フェスタ
余暇	祭、祭参加、花火大会
医療	病気の予防、薬、病院、病院体験
交通	自転車のルール、電車の乗り方
社会	まちあるき、方言
買い物	食べ物、衣類その他
あいさつ	自己紹介、年賀状
公共	公共マナー（ごみ、騒音）
文化	もちつき、習字体験、茶道体験

　このテーマは、2016（平成28）年に鳥栖市で行った「日本語教育に関するアンケート調査」での「どのような内容を学びたいか」「日本語が不自由なために困った経験」の回答や、外国人住民が日本で生活する上で知っておいてほしい内容をもとに、コーディネーター会議で決定しています（アンケート結果は図1参照：有効回答数161人）。

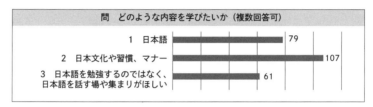

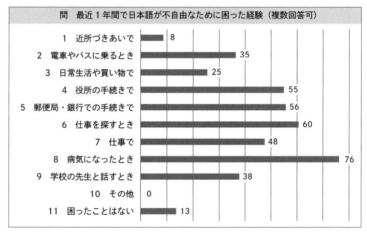

図1　2016（平成28）年度「日本語教育に関するアンケート調査」より

3.3　とりんすのさまざまな活動内容

　2019（令和元）年からは、市の主催事業の「外国人のための日本語教育事業」となり、外国人住民のセーフティーネットとして、また、外国人が日本で生活する上で必要な日本語や生活のルール、文化、風習などについて学ぶ場として、日本語教育事業を実施することとしました。以下は、テーマごとの活動内容です。

・**医療：病院体験**

　医療をテーマに4回シリーズ（①予防、②薬、③病院、④病院体験）の学習を行い、最終回に市内にある病院を訪れ、「受付、問診票の記入、診察、会計」を体験しました。

・**防災：台風**

　台風について理解し、台風発生時に適切に行動ができるようハザードマップを使い、アパートや会社を探し、川やアンダーパス、指定避難所などの場所を確認しました。

・**交通：自転車のルール**

　自国と日本の交通ルールの違いや道路標識、違反した際の罰則について学びました。また、佐賀県警に協力を仰ぎ、自転車シミュレーターを体験し、交通ルールを学びました。

・**余暇：祭り**

　民舞会に協力を仰ぎ、夏祭りで踊る炭坑節を教えてもらった後、市内で行われる祭りや屋台の食べ物について学びました。また、近隣で行われる花火大会への行き方について学びました。

・**社会：餅つき**

　地域で行われている餅つきに参加し、地域の人と触れ合い、日本文化を体験しました。参加するだけではなく、餅を付いたり、丸めたり、担い手としても活躍してくれました。

・防災：消防署見学

　消防署に協力を仰いで消防署を訪問し、心臓マッサージとAEDの使い方を学び、緊急通報の体験の後、はしご車への乗車や水消火器を使った消火訓練を行いました。

　回を重ねていくごとに教室の経験値が上がっていくと実感していた矢先に、新型コロナウイルスの出現で水を差される事態となりました。

　初めの頃は、新型コロナウイルスにならないように気をつけましょうと呼びかけつつ日本語教室を開催していましたが、感染拡大に伴い、開催を中止することとなりました。

4.　とりんすのオンライン授業

　2020（令和2）年度に入り、他地域の日本語教育支援をしている筆者の知人が、Zoomを活用してオンラインで外国人の人たちとお話し会を開催しているという情報をSNSで知り、とりんすでもやってみたいと思うようになりました。それは、教室を中止している間も学習者の生活は続いているため、生活する上で困っていることやコロナ禍で新たな問題に直面して困っていることがあれば、対応する必要があると思ったからです。

　緊急事態宣言が延長されたことにより、引き続き対面での日本語教室を中止することにしました。緊急事態宣言の解除後に日本語教室の会場借用が可能になるという情報が入りましたが、構造上、窓の開閉ができなかったこと、人数制限以内に収まらなかったこと、感染防止策を講じても対面では感染リスクがあること、マスクをすると顔や表情がわからず、声や発音が聞きづらいなど、条件が整わなかったため、再開を見送りました。

　日本語教室に参加している技能実習生の通信環境について調査したところ、ほとんどの住居にWi-Fiがあることがわかったため、2020（令和2）年6月から、Zoomを活用した日本語教室の再開に向けて動き出すことにしました。いろいろと工夫をしながらの再開となりましたが、屋外活動や日本文

化体験以外は対面時とほとんど変わらない内容で実施しています。

　ここでは、まず実際の活動例を紹介した上で、活動で利用した Zoom の使用上のポイントについて触れます。

4.1　とりんすの Zoom 活動例

活動例 「ごみの出し方」

　ごみの分別は、自治体によっても内容が異なります。また、来日するまでは自分の国で分別したことがない学習者がほとんどです。そのため、ごみの分別は学習者にとって大きなハードルとなります。まず、「3 種類のごみ袋にそれぞれ何を入れるのか」「自分の国でのごみの出し方」について Zoom のブレイクアウトルーム《➡「用語集」参照》を使ってグループトークをした後、学習者に発表してもらいます。

　次に、「アルミ缶とペットボトルをどこに捨てているのか」についてグループトークをした後、学習者に発表してもらい、地区の資源物回収やスーパーなどでの回収についても説明します。

　最後に、粗大ごみの出し方について、グループトークした後、学習者に発表してもらい、回収日や回収依頼の方法などについて学びます。

　毎年同じテーマを取り上げていますが、昨年学んだ学習者から「とりんすで勉強したので、きちんと分別しています。地区の資源物回収にも出しています」とうれしい報告がありました。ごみの分別は、ご近所トラブルにもなりやすいため、今後も取り組んでいきたいと思います。

活動例 「公共マナー・騒音」

　生活習慣は国によって異なるため、騒音の概念が違います。まず、生活するときの「外の騒音」「家の中の騒音」について説明し、近所に住む人の気持ちについて考えます。

　次に、「自分の家に友達が遊びにきたときに気をつけること」についてグループトークをした後、学習者に発表してもらいます。中には、広場でバーベキューやカラオケをしていた際、近所の人から通報され、警察から注意を

受けて怖い思いをしたという体験談もありました。国による生活習慣の違いについて、正しく知ることが大切だと思います。

　最後に、近所の人と仲良くなるためのきっかけとして、「挨拶」の大切さについて学びました。

活動例　「方言」

　外国人の困りごとの一つに方言があります。仕事先などで耳にする方言が理解できず、トラブルになる可能性があります。「方言」「共通語」「佐賀弁」について学んだ後、佐賀弁についての動画を視聴しました。

　「わからない佐賀弁」についてグループトークをした後、学習者に発表してもらいました。また、佐賀弁クイズに挑戦してもらい、「知りたい佐賀弁」や「知っていた方が良い佐賀弁」についてグループトークしてもらいました。方言を理解し、話せるようになると、より身近に感じてもらうことができ、会話が弾むようになると思います。

活動例　「地震」

　地震を体験したことがない学習者も多いため、毎年テーマに取り上げています。まず、地震速報の音を聞き、「メッセージの内容」「震度」「余震」「津波」について学びます。その後、家の中、店の中、海の近くにいた場合の地震発生時の対応について、グループトークをします。

　また、大きい地震が起きた後、電気や水道、ガスがどうなるのかや、避難所へ逃げる際のポイントなどについて学んでから、「地震が起こる前に準備すること」についてグループトークをした後、学習者に発表してもらいます。

　地震が多い日本で生活する学習者にとって、命を守るためには大切なテーマだと思います。

　なお、対面時と比べて難しいところは、プリントや資料を配布することができないため、学習者が後で見直すことができないということ、また、画面上ではどの程度学習内容が理解され、定着しているのかがわかりづらいことです。

4.2　オンライン授業のポイント

◆Zoomの活用方法

　Zoomの無料版は、利用人数が2人であれば時間制限はなく、3人以上であれば40分で接続が切れてしまいます。有料プランであれば時間制限はありませんが、予定外のことで当然予算はありません。とりんすは、これまで90分で開催していましたので、前半40分→10分休憩→後半40分で開催することで、以前と変わらないスタイルで開催できています。

　また、講師（進行役）がホストを担うのは、とても大変なので、別の人が担っています。講師は進行役に徹し、ホストがタイムキーパー、グループ分け、画面共有を担当します。そのため、講師とホストで事前に資料の確認や打ち合わせをする必要があります。現在は、市の職員がホストを担当しています。

　Zoomの使い方がわからない方には、市役所に来ていただいて操作方法をお教えするか、説明書をメールなどで配布しています。

◆ZoomミーティングのIDとパスワード

　練習会などでは、ZoomミーティングのIDとパスワードは、安全上、ランダムに指定されるものを使い、毎回違うものを設定していました。しかし、英大文字や小文字、数字などが混在するなど、操作が難しくなるため、実際の学習ではIDとパスワードを固定しています。

　企業の担当者の方や学習者、にほんごパートナーに、SNSを使って日本語教室開催のお知らせをする際に、IDとパスワードをお送りしています。

◆参加者名

　参加者には、入室する前に「ひらがな」か「カタカナ」に変更してもらいます。変更せずに入室するとスマホの機種名が表示されることや、氏名が外国語で表示されることがあります。参加者が操作できない場合は、ホストが氏名を直接変更しています。講師が発表を促す際やコミュニケーションを取る際にも名前は必要です。フルネームでは長くなりすぎてわかりづらいの

で、短い名前を入力してもらっています。

名前を呼び合うと、相手との距離が近くなりますし、会話を円滑に進める
ことができるため、氏名の表示についてルールを決めることが大切です。

◆Zoomのブレイクアウトルーム

ミーティングルームでテーマや語彙について全員で話した後、ブレイクア
ウトルームで、教案に沿って楽しくグループトークをしています。

1グループの人数は、スマホの1画面で表示できる上限4人にしています。
1グループが5人以上になると、複数のページにわかれるため、全員と顔を
見て話すことができないからです。

ちなみに、デフォルト設定ではパソコンを使用した場合は1画面に最大で
25人、タブレットを使用した場合は1画面に最大で6人表示されます。

写真1 ミーティングルーム（パソコン）

グループ分けの際には、自動的に参加者を均等に割り当てた後、日本人と
外国人との割合や、日本語のレベルなどに応じて、メンバーを入れ替えてい
ます。中には、通信状態の不具合なのか、操作ミスなのか、グループに入れ

ずミーティングルームに残ってしまう人がいます。その場合は、ミーティングルームでホストとグループトークをしています。

◆共有機能

　対面学習の際には、プリントや資料を配布して学習していましたが、オンラインでは、「共有」機能を使って語彙やテーマについて説明しています。学習者のほとんどがスマートフォンを使用しているため、共有資料は、WordやPowerPointを使ってA4サイズに大きく作成し、見やすいように工夫しています。また、YouTubeの動画教材を使って、日本の歌や自転車のルールなどを学んでいます。市の「がいこくじんのかたへ」というホームページにあるやさしい日本語のページを共有することもあります。

　図2は、「台風」をテーマにした際の共有資料です。オンラインでは会話が中心になるため、音で聞いただけではなかなか理解が進みません。そこで、対面開催時にホワイトボードに貼りつけたり書いたりしていた語彙やイラストを共有資料として作成し、見せることにしました。一般的に五感による知覚の割合として約80％の情報は視覚情報から得ていると言われていますので、このように文字とイラストを同時に見せて説明することは、理解を深めるためにはとても有効だと思います。

図2　Word の共有資料

　図3は、「買い物」をテーマにした際の共有資料です。「何の野菜が好きですか」「どこで野菜を買っていますか」「自分の国の名物料理や得意料理は何ですか」についてグループトークをする前に、野菜の名前について学びました。写真を見せて、野菜の名前を答えるクイズ形式にして楽しく学習を進めました。また、やさしい日本語で作成している市のホームページを共有し、市からのお知らせについて説明するなど、共有画面を使って学習すると、画面越しではありますが、メモを取っている学習者も見受けられ、理解している様子は手に取るようにわかります（図4）。

図3　PowerPointの共有資料

図4　市のホームページを共有

　このように、オンラインで共有画面を活用して学習を進めると、対面で行っているときと同じような効果を得ることができます。

5.　運営の課題と対応

　2020（令和2）年6月に始めたZoomを使った日本語教室は、外国人も日本人もたくさんの方が参加してくれました。しかし、日本語教室以外の外出の機会が増えたためか、次第に参加者数が減少していきました。

　新規の技能実習生が入国できなかったことも一因だと思いますが、電話やメールでいくつかの企業に聞き取りを行ったところでは、「オンラインでは物足りないようだ」「日本文化体験などがなくて残念」など、対面での日本語教室を望んでいる外国人も多かったようです。

　毎回、担当するコーディネーターと鳥栖市で打ち合わせを重ね、まずは参加者を確保することに力を注ぎ、反省点を改善し、楽しく学べるように試行

錯誤しながら進めました。また、コーディネーター同士の会議を年3回開催し、反省点や改善点について協議を行い、情報共有をしました。

　10月に入り、地域で行われる屋外イベントを探していたところ、11月に地域で行われる「ミカン狩り体験」があることを知り、とりんすの学習者も参加させていただくことにしました。

　久しぶりに会った学習者は、「先生久しぶり。元気でしたか？」「先生たちに会えてうれしい」など再会をとても喜んでくれました。また、ミカン狩りを初体験できるとあって、「どのようにしてミカンを収穫しますか」「誰がミカンを作っていますか」「山にあるミカンは自分で採ってもいいですか」など興味津々のようでした。地域に住む親子との触れ合いができるのも楽しみにしていたようです。

　当日はお天気も良く、地域の皆さんと一緒に楽しくごみ拾いやミカン狩り体験をさせていただきました。ミカン畑までの往路では、学習者も重たいものを運んだり、子どもが上る脚立を支えたり、担い手として活躍してくれました。また、学習者が保護者や子どもたちから質問攻めにあうなど、コミュニケーションもしっかりとれました。対面での学習の大切さを痛感した一日でした。

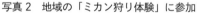

写真2　地域の「ミカン狩り体験」に参加

　その後、とりんすに参加する学習者が所属している企業数社に電話やメールで連絡を取り、再度オンライン日本語教室の周知や学習者の現状について調査をした結果、ある会社から新しく来る技能実習生にご参加いただけるこ

とになりました。以前から日本語教室に対して理解がある会社でしたが、も
ともと、とりんすに参加していた学習者の一部が帰国してしまったため、参
加者数が減っていたのです。そのため、新たな学習者の参加は私たちにとっ
てもうれしいことでした。

　また、新たな学習者を獲得すべく、市内の企業が集まる会議に、オンライ
ン日本語教室のチラシを配布してもらいました。商工会議所には、メーリン
グリストにある企業にお知らせのメールを配信してもらい、2021（令和3）
年1月に配布される会報にオンライン日本語教室のチラシを折り込んでいた
だくようにお願いしました。

6. 学びを止めない

　Zoomを使ったオンライン日本語教室は、学習者からの再開を希望する声
もあり、何とか実施にこぎつけました。

　新しいことにチャレンジすることは勇気がいることですが、最初から完璧
を求めず、できる範囲でやってみるということが大切だと思います。

　いろいろな機能を使わなくても、オンライン上でみんなで顔を合わせて話
すというスタートでも十分だと思います。

　ある回で、鳥栖市のいいところについて話す機会がありました。すると学
習者が「鳥栖にはとりんすがあります！」と笑顔で答えてくれたときは、自
然と拍手が起こり、みんな感動しました。関わっている全員がほっこりした
瞬間でした。

　現在は、対面の日本語教室開催時と同様、月2回のペースで、オンライン
日本語教室を開催しています。現在、とりんすに参加してくださっている学
習者、日本語パートナーの代表的な声を紹介したいと思います。

◆学習者の声：ベトナム国籍、技能実習生

　日本の文化やルールについてたくさん学ぶことができました。ミカン狩り
や餅つきなど楽しいイベントにも参加できました。ごみの分別もわかるよう
になりました。交通ルールも母国とは違っていました。困っていた方言も勉

強できて少しわかるようになりました。とりんすのおかげで日本での生活に困ることがなくなりました。とても感謝しています。

◆にほんごパートナーの声

　遠い国から縁あって鳥栖市に住む外国人は、真面目で意識が高く明るい人が多いので、笑顔がいつもそこにあります。今はリモートでの対話ですが、以前は机と肩を並べ制度・言葉・心の壁をなくすことを基本にグループで共有し合う学習をしました。仕事と日本語の勉強にひたむきな姿に私たちは親のような気持ちで側面から寄り添っています。この経験と体験を力に自国での活躍を願っています。

　対面での日本語教室ができなくなる日が突然来るとは思ってもみませんでした。しかし、その結果、オンラインで日本語教室を開催することができるようになり、活用の幅がとても広がりました。

　オンラインでの実施に不安がなかったわけではありませんが、参加者が笑顔でうれしそうに話をしている姿を見ると、幸せの輪が広がります。実際にやってみると、慣れは必要ですが、難しくはありません。オンライン日本語教室を主催し、共有資料を出したりグループ分けをしたりするホストも、団体の中で1〜2人できる人がいれば大丈夫だと思います。

　今までは、大雨や台風を理由に、日本語教室を中止にすることもありましたし、そもそも梅雨や大雨のときには、自転車で通う学習者の数は激減します。そのような場合に、オンライン日本語教室に変更するという選択肢が増えました。

　また、市が主催している国際交流イベント「こくさいカフェ」を、Zoomを使ってオンラインで開催することもできました。日本語教室と勝手が違う部分もあり、課題は残りましたが、開催できたことは成果です。

　いつか、すでに帰国したとりんすの卒業生と一緒にオンラインで同窓会をすることが現在の夢です。

　まだまだZoomの活用策はあると思います。すでにある日本語教室から遠い場所に住んでいる学習者が通うことができないため、新しい日本語教室を

作りたいけど、指導者を確保するのが難しい場合などは、Zoomを使って既存の日本語教室とサテライト会場をつなぐことも可能です。

7. 最後に

　最近、とりんすのFacebookや鳥栖市のホームページなどでオンライン日本語教室の活動を知っていただいた方々からお問い合わせをいただくことが増えました。体験したことがない方にはイメージがつきにくいため、実際にオンライン日本語教室に参加していただいたこともあります。皆さんの周りにも、そのような日本語教室があると思います。

　この本を読んでいただいて興味を持っていただけたのであれば、オンライン授業の実施に踏み出すことも選択肢の一つとして一歩踏み出してみてください。学習者の学びを止めないよう、みんなの笑顔のためにできる範囲で取り組んでみてはいかがですか？

　これからも日本人や外国人の区別なく、お互いの文化的な背景や習慣の違いを理解しながら、尊重し合い、暮らしやすい環境づくりを進めていきたいと思います。外国人住民に寄り添い、外国人が活躍できるまちを目指して。

写真3　楽しく学び合うとりんす（オンライン）

謝辞

　鳥栖市の「外国人のための日本語教育事業」は、皆さんのやさしさと情熱でできています。この事業にご協力いただいているすべての皆さんに感謝の気持ちをお伝えしたいと思います。

🔍 **参考 Web サイト**

鳥栖市役所（2017）「とすにほんごひろば～とりんす～」
　　<https://www.facebook.com/torinsu/>

第 4 節　ICT を用いた漢字指導の実践

マリア・アンヘリカ・ヒメネス・オタロラ，近藤弘

授業名	**Japonés1 日本語 1**
実施時期	2020 年 8 月〜 2020 年 12 月
対象者	非日系コロンビア人 11 名（入門レベル）
授業概要	■各曜日の授業内容 　月・水：語彙、文法、聴解、読解、会話 　金：漢字 ■漢字授業の流れ 　1. 一週間のうちに勉強したテーマの復習 　2. 一週間前に勉強した課の漢字の復習 　3. 一週間前に勉強した課の漢字小テスト 　4. 新しい課の漢字の導入 　5. 語彙の導入、説明、練習 　6. 質疑応答や宿題についての指示
利用ツール	Zoom（スライドの共有や、やりとりのため） Quizlet / Kahoot! / Nearpod（復習のため） Remind（小テストを教師に送るため） Quizizz（スライドの共有や練習のため） Black board collaborate（宿題提出のため）
気をつけたこと	●漢字の授業では導入部で、一週間前に勉強した課の漢字を復習し、質問があるかどうか確認するようにした。 ●さまざまな ICT を使用することで、学習者が漢字と日本語を関連づけやすくなるように気をつけた。ICT を使用することで、学習者が漢字を楽しく勉強し、モチベーションを高める方法・機会を作るようにした。

● ICT の活用を通して、目的が明確で、効率の良い練習をするように心がけた。
●コンピューター、タブレット、携帯など、さまざまなデバイスで書くことは大切だが、手書きで書くことも大事だと考えている。そのため、宿題や小テストは、学習者に手書きで書かせるように心がけた。学習者が、デバイスでも手書きで記入し、インタラクティブな経験が得られるように心がけた。

1. コロンビアとロスアンデス大学の日本語教育

1.1　コロンビアの日本語教育

　コロンビア共和国（以下、コロンビア）は、南米北西部に位置しており、公用語として話されている言語はスペイン語です。国際交流基金（2020）が2018年に行った海外日本語教育の現状調査では、コロンビア国内の総学習者数は1,645名であったことが報告されています。

　「コロンビア日本人移住七十年史」編集委員会編（2001）によると、コロンビアにおける日本語教育の始まりは、1929年の日本人計画移住を背景にした継承語教育としての日本語教育とされており、1936年から移住地で、日系子弟を対象に日本語が教えられるようになりました。一方で、国際交流基金サンパウロ日本文化センター（2017）が2015年に行った南米スペイン語圏日本語教育事情調査からは、移住地の日本語学校の総学習者数160名中、日系子弟の学習者が13名程度であることや、現在のコロンビアの日本語教育が外国語教育としての日本語教育の特徴を強めていることが報告されています。また、主に高等教育機関か日本語学校で日本語が学ばれていることや、学習動機としては、「マンガ・アニメ・JPOP等が好きだから」「日本語そのものへの興味」「日本への留学」が同率で最も高いことも報告されています。つまり、現在のコロンビアの日本語教育は、継承語教育のルーツを持ちながら、日本文化・言語に関心の高い現地コロンビア人学習者を対象にした外国語教育としての日本語教育の特徴が強いと考えられます。

1.2 ロスアンデス大学の日本語コース

　ロスアンデス大学は、コロンビア共和国の首都ボゴタにある私立大学です。日本語コースは、社会科学学部・言語文化学科に所属しています。言語文化学科では、英語、ドイツ語、フランス語が選択可能な第一専攻言語として位置づけられています。そして、イタリア語、中国語、ポルトガル語、日本語を第二専攻言語として学ぶことができます。ロスアンデス大学では、どの学科の学習者も言語のコースを履修できるため、日本語コースでは、言語文化学科からだけではなく、その他の学科からの履修者も多く見られます。そして、常時約200名の学習者が日本語を学んでいます。

　日本語コースは入門から中級まで、全部で6つのレベルがあり、各レベルの日本語学習時間は約45時間です。そして、それぞれのレベルは「話す・聞く・読む・書く」の4技能を総合的に養うようにデザインされています。

　学習動機はさまざまですが、コロンビア国内の学習者の動機傾向に似ています。主に、アニメ・マンガや日本文化への興味、日本への留学、そして、「母語であるスペイン語とはまったく異なる言語を学びたい」という思いから、日本語を学び始める学習者が多いです。学習者は授業中、会話のアクティビティに対して特に積極的で、今できる日本語を使って、自分自身を表現することを学び、楽しんでいるような印象を受けます。

1.3 ロスアンデス大学の日本語入門コースの漢字授業

　ロスアンデス大学の日本語コースにおいて、どのレベルの学習者からも、「難しい」「大変」といった声が聞かれる学習項目があります。それが漢字です。「漢字が好きで、学ぶのが楽しい」と言う学習者もいますが、スペイン語母語話者であるロスアンデス大学の日本語学習者にとって漢字の学習は、大きなチャレンジです。そのため、学習者が少しでも漢字に関心を持ち、学習を楽しめるように、私たちは、ICT（情報通信技術）を活用した漢字指導の実践を行っています。

　おそらく、非漢字圏の国々において、漢字の指導は共通した一つの課題で

もあるかと思います。また、授業をオンラインで行うようになってから、漢字指導について困難を感じている方もいるかもしれません。私たちは、今でも漢字指導において、どのようなICTを使えばいいのか試行錯誤中ですが、本節では、これまでの経験に基づいて、ICTを用いた漢字指導の実践事例をいくつか紹介します。なお、今回は、日本語コースの中でも、学習者が初めて漢字に遭遇する入門レベルの実践例を取り上げます。

　ロスアンデス大学の日本語の授業は週に3回です。対面で授業が行われていた頃、1クラスあたりの授業時間は80分でした。しかし、コロナ禍以降、授業がオンラインで行われるようになってからは、学習者への負担を考慮して、授業時間は75分になりました。筆者が担当する日本語入門レベルの「日本語1」クラスでは、週3回の授業のうち、1回は漢字のみを扱う授業にすることにしました。スペイン語のアルファベットとは大きく異なる日本語の書き方に取り組むためには、十分な時間をとることが重要だと考えたためです。以下に、入門レベルのクラスで使っている教材の基礎情報を示します。

- ・　『まるごと——日本のことばと文化——入門（A1）　かつどう』（以下、『まるごとA1・かつどう』）
- ・　『まるごと——日本のことばと文化——入門（A1）　りかい』（以下、『まるごとA1・りかい』）
- ・　『Basic Kanji Book 1』

　漢字の指導では、『まるごとA1・りかい』と『Basic Kanji Book 1』の二つの教科書を使っています。このことを踏まえて、それぞれのテキストの使い方について簡単に説明します。入門レベルのクラスでは、これらの教科書を使って、漢字を教え始める前に漢字の入門授業を行います。漢字について、その歴史や日本語における役割などを学びます。

　『まるごとA1・りかい』を用いた漢字の指導では、漢字が書けるようになることではなく、文脈の中で漢字を認識し、意味を理解することが目標です。漢字のイメージと意味を連想したり、漢字を含む文章を理解できるようになるための練習をします。

　また、『Basic Kanji Book 1』を用いた漢字の指導では、認識のためだけではなく、学習者が漢字を読み、その意味を理解し、書けるようになることまでを目標にしています。

　漢字の授業では、まず、一週間前の授業で勉強した漢字を復習します。次に、新しい課の漢字を導入します。そして、漢字とイメージをつなげる練習などを行います。書き順に関しては、授業では詳しく説明せず、基本的に宿題として扱います。最後に、翌週までの宿題について簡単に説明します。

2. 漢字指導における ICT の活用

　対面授業からオンライン授業に移行しても、授業の基本的な構成は維持されています。一方で、漢字の練習方法は変わりました。対面授業では、グループワークによるカードゲーム、ワークシート、身体活動などを行ってきました。

　オンライン授業になってからも、Zoom のブレイクアウトルーム《➡「用語集」参照》を利用して、グループワークを維持しようとしてきました。しかし、ブレイクアウトルームによるグループワークでは、各グループで行われる作業を教師が確認するための時間が、対面授業よりも長いと感じます。また、Zoom ではあるグループから別のグループへの移動は簡単ですが、対面授業とは異なり、同時に複数のグループを注視できず、グループごとに注意を向ける必要があります。そのため、オンライン授業では、フィードバックを提供したり、学習経験を共有したりすることも少し難しいと感じます。

　さらに、授業をオンライン化したことで、身体活動を授業内に取り組むことも難しくなりました。たとえば、対面授業ではクラスメートの背中に指で漢字を書くなどのアクティビティを行うことができましたが、オンライン授業ではできなくなりました。そのため、漢字を書く活動は、学習者がホワイトボードにマウスやタッチペンを使って書き込むことができる Nearpod のコラボレートボードを活用した活動にしました。このアプリや、授業で使用したウェブサービスについては後述します。

　対面授業からオンライン授業に移行したことにより、ICT は以前より重要

になってきたと思います。次の **3.** では、漢字指導でICTを用いた実践をいくつか紹介したいと思います。

3. 復習を目的とした ICT の活用

　漢字の復習では、カナの単語、イラスト、該当の漢字を使った語彙などを使ったゲームで、漢字自体やその意味、読み方を確認します。ここでは、このような漢字の復習のための実践を紹介します。

3.1　漢字の認識

漢字を勉強するとき、筆者らが重要だと考えていることは次の2点です。

1) 漢字と関連語彙を見て、意味と読み方の理解促進すること。
2) 漢字を簡単に素早くインタラクティブな方法で復習できるようにすること。

　漢字を認識するためには、常に漢字と接触することが重要です。そして、繰り返し練習することが非常に役立ちます。これらのことを考慮して、Quizlet（クイズレット）というウェブサービスを使用することにしました。このアプリでは、漢字の意味や読み方について、イラストとともに学習ユニットが作成できるため、自分の勉強したい漢字を使った漢字カードやゲームを使って繰り返し確認することができます。また、学習者は授業内だけでなく、授業外でも、漢字や語彙を復習するために、Quizletを使用します。Quizletは、ウェブブラウザ上でも、アプリとしても、いつでも使用できるため、自主的な復習のために非常に便利です。現在、日本語1のクラスではQuizletを用いて、漢字レッスンのためのカードゲーム集を作成しています。カードゲームは、図1で示すように、カードの表に漢字、または単語を書いて、裏にはイラストと一緒に漢字の意味と読み方を書いています。

図1　漢字復習用のQuizlet（左：カードの表、右：カードの裏）

　授業内でカードゲーム集を使用するときは、「Live」機能を使います。このオプションでは、学習者はコード、またはリンクを使用してゲームに接続します。そして、教師がゲームを開始すると、カードの表面と質問が学習者のデバイスに表示されます。学習者は、カードの裏面を考えて解答します。教師の共有画面には、図2に示すように、学習者の正答数がQuizletライブプレイの途中経過として表示されます。ゲームの終了時には、Quizletからの自動的なフィードバックが表示されます。

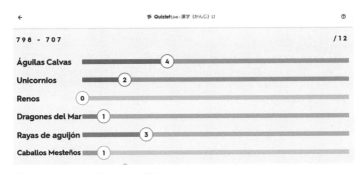

図2　Quizletの「Live」の様子

　授業内で漢字指導をする上でのQuizletの利点は、漢字の理解の確認が非常に素早くできるため、授業時間を管理しやすいところです。
　授業でQuizletの「Live」機能を用いてゲームをすると、学習者からは、「もう1ラウンド！」「前回は2番でしたが、今回は勝ちます！」のようなコ

メントや、試験勉強のために「カードは本当に便利」「カードがいつでもどこでも使用できる」といったコメントも聞かれます。Quizletのフラッシュカードのように整理された単語カードを通じて、学習者は勉強したい漢字を、簡単に学ぶことができます。他の人が作成したカードを検索して保存し、編集したりできるので、非常に便利です。学習者はカードを繰り返して続けるかどうかを自分で決定したり、復習やゲームで、教師やアプリから
フィードバックを受けて、どんな漢字、または単語をもっと勉強する必要があるかを理解することができます。

　また、教師が学習者に問いごとのフィードバックをしたいときはKahoot!（カフート）というアプリを使います。Kahoot!では、図3のようにデバイスから、クイズの質問に対して選択肢の中から選び、解答することができます。また、学習者がクイズに解答している間、教師の共有画面には、図3のように質問と選択肢が表示されます。

図3　Kahoot! を用いた漢字クイズの様子

　そして、クイズ終了後は、図4に示すように、質問と、学習者がどの解答を選択したのかも表示されます。このような機能は、フィードバックをするのに便利です。

　Kahoot!のゲームは、質問ごとに正解が示されます。また、質問に5秒から4分の間で解答するように設定することができます。そして、各質問が終わるごとに、教師からのフィードバックの時間を設けます。

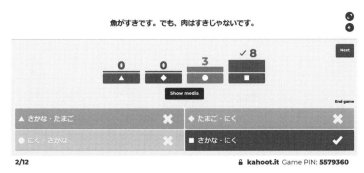

図 4　Kahoot! の解答選択結果の様子（教師側の画面）

　ビジュアルデザインの観点から、他のツールより Kahoot! の方が好きだという学習者がいます。Kahoot! では、各質問の最後にランキングが表示され、参加者が正解して得たスコアと解答の速度に応じて、ランクが上がったり下がったりする様子がアニメーションで表示されます。そして、Zoom を併用した授業では、チャット欄に「自分の順位が上がっている！」または「一つだけ答えを間違えて負けてしまった」のようなコメントがよく書き込まれます。このようなコメントはゲームの順位と関連していますが、Kahoot! のゲームにおいて、より良い順位を獲得することは、学習者自身の勉強によってのみ可能になります。そのため、ICT を使ったゲームは、学習促進のための大きな味方だと思います。

3.2　漢字を書く

　オンライン授業でも、学習者には、キーボード入力だけではなく、手やマウスなどのツールで漢字を書くことを推奨しています。そして、授業内で漢字を復習したり、インタラクティブな活動をするためのオプションとして、Nearpod（ニアポッド）というウェブサービスを使うようになりました。この Nearpod で筆者らが気に入っているのは、さまざまな活動のオプションがあることです。漢字の授業では、図5で示す活動のオプションの中からDraw It を使用しました。

図5　Nearpod でできる活動のオプション

　Draw It は、学習者がすでに学習した漢字を、タッチデバイスとペン、または、パソコンのマウスで書くことを目的に使用します。Draw Itでは、コラボレートボードのようなツールを使った活動を行います。コラボレートボードで、学習者は自分のデバイスから何か書いたり写真をアップロードしたりすることができます。そして、それはすぐに教師の共有画面に表示されます。このような機能を用いた活動で、たとえば教師が指定した時間内に、学習者が「田」を含む言葉をできるだけたくさん書くといった活動があります。漢字を書くと、図6で示すように、教師の共有画面に各学習者が書いた漢字が表示されます。それをもとに、書かれた単語の意味や、間違いがあるかどうかを教師と学習者が一緒に確認することができます。

図6　Nearpod の Draw It 機能

　Nearpod の Draw It を用いた活動に対して、学習者は好意的な反応を示しました。Draw Itでは、学習者一人ひとりのボードがあるだけでなく（図7）、

教師として学習者全員がしていることを一つの画面で見ることができるので（図8）、授業で漢字を指導するのに、とても良いツールです。画面共有で書き方などのフィードバックができるので、一人の学習者だけでなく、クラスの全員にコメントをすることもできます。

図7　Draw It の学習者側の画面

図8　Draw It の教師側の画面

　また、Nearpodでは、学習者が活動中、インターネットの接続不良で回線が切れたような場合でも、再度ログインすることが可能です。セッション中、いつでもログインコードやリンクは有効なので、学習者はNearpodに再度接続して、活動に参加し直すことができます。

　対面授業でもこのような活動をグループワークとして行ってきました。しかし、オンライン授業への移行により、そのようなゲームはチームではなく個別でプレイするようになりました。グループワークは対話や共同作業を通じて知識を強化するのに役立ちます。一方で、個別の活動では、個人レベル

での競争とさらなる努力が促されます。学習者は競争によって勉強の必要性を実感し、勝ちたいと思うと、漢字や語彙をもっと勉強するようになると思います。

4. 漢字の提示を目的とした ICT の活用

授業では、既習漢字の復習の後、新しい漢字のレッスンに入ります。対面授業では、PDF ファイルを教室に映し出して、新しい漢字を紹介していました。

漢字の指導において、漢字の提示方法は非常に重要だと考えています。なぜなら、それは学習者の情報のインプットを促すのに役立つからです。提示方法が魅力的であることは、漢字の習得を容易にし、漢字情報と、学習者の認識の差を埋めるのにも効果的だと考えます。

オンライン授業では、学習者が活動に積極的に参加するために、新しい漢字を紹介する際、Quizizz（クイジーズ）を使用します。

Quizizz を使用してプレゼンテーションを提示する理由は、二つあります。まず、このアプリでは、対面授業ですでに使用した PowerPoint、またはPDF でのプレゼンテーションをインポートできて、教材の準備にかかる時間を大幅に節約できるためです。次に、インポートスライドに加えて、図8と図9に示すように、調査、複数選択、オープンレスポンス、カードマッチングなどの活動を含むスライドを追加することができるためです。

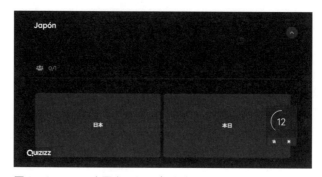

図 8　Quizizz で出題するクイズの解答画面

図 9　Quizizz で出題するアンケートの回答画面

　Quizizz を使用してプレゼンテーションを提示する際は、単語だけでなく、漢字を使用した文章についても質問して、新しく勉強する漢字と、それまでに勉強した文法を関連づけた応用練習もします。たとえば、「好き」の漢字を勉強したら、学習者が自分のデバイスから日本語で「どんなスポーツが好きですか」のような質問に解答する問題を作ることができます。これにより、漢字のみを学ぶのではなく、授業で学んだ文法や表現を漢字とともに復習することができます。また、各質問の後、活動のフィードバックを提供し、学習者の質問に解答する時間があります。

　このようにプレゼンテーションをインポートできるウェブサービスは、授業の準備に大いに役立っています。スライドをインポートしてから、アンケート、カードゲーム、オープン質問などの活動を含むスライドを追加できます。そして、これらすべての活動では、学習対象の漢字を含んだ文作成問題、文作成に伴う既習文法の応用、また、学習対象の漢字を含んだ読解問題も行うことができます。

　学習者がカメラをオンにせずに行うオンライン授業の難しい点は、授業全体を通して学習者の集中力を持続させることです。これは完全に制御することはできません。しかし、学習者が集中して授業を受けるために役立つツールを使用することは大切だと思います。Quizizz のようなウェブサービスを用いた実践では、学習者が勉強したばかりの言葉について質問できます。そのため、このような活動は、学習者が授業に意識を集中させるためのサポー

トになると思います。

5. 筆記のテスト実施を目的にした ICT の活用

　授業が対面からオンラインに切り替わって、漢字の指導において最も変化した要素の一つは手書きです。パソコンや携帯で文字を入力することが多い現在、漢字の書き方を知る必要はあまりなく、漢字を認識することが重要だと思います。しかし、漢字を手で書くことは漢字の書き方を覚えるために重要であり、履歴書や試験などで文章を書くときにも大切になってくると考えます。そのため、漢字の宿題については、学習者に手書きで取り組むように指導しています。オンライン授業における手書きの活動では、鉛筆やペンだけでなく、タッチ入力を用いて、マウス、指や手で漢字を書くといった新しい可能性も生じています。

　手書きのためによく行うのは、マウスを使って書き込むことができるコラボレートボードなどを使った活動です。漢字の場合は、学習者一人ひとりが画面に表示される漢字を書くことができるページを使用します。「○○の意味の漢字を書く」や「特別なテーマに関連する漢字の単語を、できるだけ多く書く」といったお題を学習者に与えます。たとえば、学習者に1分以内に「日」を含んだ単語を書き留めるように求めた場合、学習者は「日よう日」、「日本」、「3日」などを書くことができます。

　小テストや試験でも、学習者には、漢字を紙に手書きで書き、写真を撮り、インスタントメッセージングアプリを介して送信するように指示を出します。そのために「Remind: School Communication」（以下 Remind）というウェブサービスを使用します。電話番号ではなく、メールアドレスを使用するインスタントメッセージングツールなので、プライバシーの保護もしやすいと思います。教師は Remind でクラスを作成して、リンクを介すか、学習者のメールアドレスを直接入力することによって学習者を招待することができます。また、コースのパスワードを設定することもできます。

　授業では、Zoom の画面共有オプションを使用して、学習者は共有画像内の単語や文章を、必要に応じて漢字やひらがなで手書きします。次に、図

10で示すように、学習者は小テストの解答を書いた自分のノートの写真を
撮って、Remind を介して送信します。

図 10　Remind で送った小テスト

　Remind は、インスタントメッセージングウェブサービスであるため、小
テストを、短時間で行える活動として使えます。

　はじめ、Remind は一部の学習者にとって使用方法が理解しづらいようで
した。初めて本番の小テストで使用する前に、試しに何かの写真を送っても
らうように頼みましたが、小テストを送信するまで、写真の添付方法やクラ
スのコードなどがわからない学習者もいました。しかし、使っていくこと
で、だんだん慣れていったようでした。

　あるとき、オンライン授業の漢字の試験について、学習者から「なぜ漢字
を書く問題がないのか、選択式問題やコンピューターで書くだけの問題しか
ないのか」と聞かれたことがありました。このようなコメントがあったの
は、授業のオンライン化が始まってしばらく経ち、学習者も教師もオンライ
ンの授業に慣れてきた頃でした。学習者のこのようなコメントから、学習者
も漢字の学習において書くことが大切だと認識していることや、漢字の習得
においてやはり手書きが必要だということがわかりました。それ以来、宿題
だけでなく、小テストや、定期試験でも、学習者には漢字の問題を手書きで
書いたものを提出させるように努めています。手で書く必要がないデバイス

もありますが、特に非漢字圏のスペイン語母語話者にとって、手で書くことは、漢字の学習において重要なファクターだと思います。

6. ゲーミフィケーションと今後の ICT の活用

本節では、ロスアンデス大学の日本語入門クラスにおいて、私たちが、漢字の認識の練習や書く練習、そして、授業で漢字を導入する際、どんなことを目的にどのような ICT を用いているのかについて説明しました。ただ、一つ気をつけたいのは、ICT というツールを用いること自体が目的になってはいけないということです。ICT の役割は、教育と学習のプロセスをサポートすることであり、授業では ICT 使用の目的を明確にする必要があります。その目的から逸脱し、授業で多くの ICT を試すことよりも、何のために使用するのか、そして、その ICT が学習プロセスにおいてどのように役立つのかを考えることは、より重要だと思います。

ゲーミフィケーション《➡「用語集」参照》は、本節で扱ったテーマと関連する領域だと思います。この用語について本節で初めて言及しますが、紹介した経験が完全にゲーミフィケーションであるという意味ではありません。Kapp（2012）は、ゲーミフィケーションについて、ゲームすること自体を目的としないコンテクストで、ゲームデザインの要素を使用することだと説明しました。つまり、ゲーミフィケーションとは、教育の文脈で、娯楽的な要素を活用することです。ゲーミフィケーションのメリットは、学習に遊びを取り入れることだと思います。Tulloch（2014）は、遊びが意識的にも無意識的にも、学ぶモチベーションの要因になると述べています。実際に、ゲーミフィケーションを取り入れることで、学習者たちは積極的に、そして、楽しんで漢字を学ぶようになりました。授業に主体的に参加し、学びを得ることを志向するコロンビア人大学生の姿勢にゲーミフィケーションがマッチしているのかもしれません。漢字についての先入観を捨てることができれば、より快適な学習と、その理解を促すことができると思います。

授業のオンライン化は、間違いなく、私たち教師にさまざまなチャレンジをもたらしたと思います。私たちにとって、その中の一つが、ICT の活用で

した。しかし、それは必然的であるだけでなく、他の形式の教育・学習方法を探求するための可能性をもたらしてくれたと思います。オンライン化は必要性が差し迫ったことにより起きたことでしたが、私たち教師は、それを乗り超えて、よりインタラクティブな教育方法について考えることができました。その中でも私たちは、授業に参加する学習者のモチベーションを高めること、そして、そのために ICT を用いる重要性に気づかされました。

　私たちは対面授業でも、ICT を用いた授業実践を行ってきましたが、授業がオンライン化したことで、より多くの異なるツールを探す必要性を実感しました。私たちが知らないツールはもちろんたくさんありますが、今まで活用してきた ICT は、漢字の指導において大いに役立ったと思います。

　私たちが勤務しているロスアンデス大学の日本語学習者の多くが、日本の文化や、マンガ・アニメなどへの関心から日本語を勉強し始めます。彼らにとって日本語を学ぶことは、一つの楽しみでもあると考えられます。そのため、日本語を楽しんで学ぼうという学習者のモチベーションに働きかけるためのさまざまなチャレンジが非常に重要です。日本語はスペイン語とは、大きく異なる言語です。そして、学習者にとって、特に漢字は難しい学習項目に見えるようです。だからこそ、私たち教師は、ICT を活用することで、漢字の学習を学習者にとって容易にするだけではなく、楽しくて魅力的なものにしていきたいと考えています。

　対面でも、オンラインでも、これからの日本語の授業を、よりインタラクティブでアクティブなものするために、私たちは、ゲーミフィケーション・ICT の漢字指導への活用を試み続けていきたいと思います。

🔍 参考 Web サイト

「Kahoot!」<https://kahoot.com>
「Nearpod」<https://nearpod.com>
「Quizizz」<https://quizizz.com>
「Quizlet」<https://quizlet.com/ja>
「Remind」<https://www.remind.com>

📖 参考文献

国際交流基金（2020）『海外の日本語教育の現状——2018 年度　日本語教育機関調査より——』国際交流基金

国際交流基金サンパウロ日本文化センター（2017）『南米スペイン語圏日本語教育実態調査報告書 2017』国際交流基金

「コロンビア日本人移住七十年史」編集委員会編（2001）『コロンビア日本人移住七十年史　1929-1999』武田出版

Kapp, M. K. (2012) *The Gamification of learning and instruction: Game-based methods and strategies for training and education*. San Francisco, CA: Pfeiffer.

Tulloch, R. (2014) Reconceptualizing gamification: Play and pedagogy. *Digital Culture & Educación*, *6*(4), 317-333.

オンラインコースの事例

第 5 節 「みなと」の日本語コースの コースデザインと教材の工夫

.... 熊野七絵

授業名	「みなと」上の日本語コース（教師サポート付き）
	例：「スピーチ A2（観光）」
	「アニメ・マンガの日本語 A2（学校場面）」
	「まるごと A1-1（かつどう・りかい）」

実施時期	2016 年 10 月〜現在

対象者	世界中の日本語学習者
	教師サポート付きコースは定員 20 名で実施

授業概要	教材で自学自習し、ライブレッスンや課題の添削などの教師サポートを受けながら、仲間（同じコースで学ぶ学習者）とともに学ぶコース

利用ツール	「みなと」の LMS
	1. 教材（学習ステップ、学習要素）
	2. コミュニティ（グループ掲示板）
	3. 連絡（お知らせ配信、メッセージ）
	Zoom（ライブレッスン）

気をつけたこと	●コースデザインでは、学習者による「自学自習」を前提として、Can-do 目標を設定し、学習の流れと教材、評価に一貫性をもたせた。
	●自学自習（非同期）でも「主体的、インタラクティブ」に学べるよう、教材を工夫した。
	●ライブレッスン（同期）は、自学自習では難しい「フィードバック、やりとりや交流」の場となるよう工夫した。
	●教師の役割の変化として、コース全体像の可視化、自学自習のサポートや励まし、人とつながる場づくりを意識した。

1. 「みなと」と日本語コース

　筆者が勤務する国際交流基金関西国際センター（以下、KC）では、外交官や研究者のための専門日本語研修や、海外で日本語を学ぶ大学生や高校生を対象とした日本語学習者訪日研修を実施するとともに、世界中の日本語学習者を対象としたWebサイト、スマートフォン用アプリ、オンラインコースなどのさまざまなeラーニング教材を開発、運用してきました。

　特に、2016年7月から運用を始めた日本語学習プラットフォーム「JFにほんごeラーニング　みなと」（以下「みなと」）は、「学びが選べる、人とつながる」をコンセプトとして開発しており、ユーザーは、①オンラインコースで日本語を学べ、②コミュニティで世界中の日本語学習者と交流ができ、③日本語学習サイトやアプリにもアクセスできます（信岡他2017）。

　「みなと」には、2021年9月現在、198の国・地域から25万人以上のユーザーが登録しており、国際交流基金の国内外の拠点が年間160以上の日本語コースを開講しています。

　日本語コースには、自分のペースで自学自習する「自習コース」と、自学自習に加え、ライブレッスンや課題の添削などの教師のサポートを受けながら、仲間（同じコースで学ぶ学習者）とともに学ぶ「教師サポート付きコース」（以下、教サポコース）があります。筆者はこの日本語コースの全体設計や制作から関わってきました。「みなと」の日本語コースの共通の特徴は以下の点です。

・　対面授業での実践経験をもとにコースを制作している
・　Can-do目標、学習活動と教材、評価が一貫している
・　自学自習を前提とした教材で主体的、インタラクティブに学べる

　コースの制作と運用においては、オンラインでの「自学自習」の動機づけや学習継続のため、教育工学におけるインストラクショナルデザイン（以下ID）《➡「用語集」参照》、遠隔教育やMOOC《➡「用語集」参照》の実践に基づく認知心理、学習分析などの知見を参考にし、コースデザインや教材制作に

おいて工夫を凝らしています。また、試行や実際の運用における学習者の反応やアンケート結果などのフィードバックをもとに、試行錯誤と改善を繰り返してきました[1]。

　本節では、対面授業での実践経験をもとにして、どのようにオンラインコースを制作、運用してきたのか、いくつかの教サポコースの事例をもとに、コースデザイン、自学自習（非同期）用の教材、ライブレッスン（同期）の教材、教師の役割の変化のポイントを紹介します。

2. コースデザインの基本的な流れ

　「みなと」の日本語コースのコースデザインは、IDにおける教育システム設計の基本プロセスである「ADDIEモデル」《➡「用語集」参照》で示されているように、「分析（Analysis）→設計（Design）→開発（Development）→実施（Implementation）→評価（Evaluation）」の流れで行っています（表1）。

表1　「みなと」のコースデザインの基本的な流れ

①分析	学習者のニーズ・レディネス・学習特性の分析
②設計	Can-do目標、学習ステップ、学習要素、評価の全体設計
③開発	学習要素（教材、動画、ライブレッスン、課題、テスト）の制作、スケジュール設定、連絡や交流の場づくりの具体化
④実施	学習進捗確認、連絡やサポート、ライブレッスン、フィードバックや評価
⑤評価	教材、運用の振り返り（学習者の反応、学習履歴、アンケート等）

　対面授業での実践をもとにしたオンラインコースのコースデザインで重要なのは、オンラインの特徴を踏まえたコースデザインのし直しです。「みなと」の日本語コースは、教サポコースであっても「自学自習」を前提としており、対面授業のように、授業を中心として「何をどう教えるか」より、学習者自身が学習を管理し「何をどう学ぶか」、学習活動の流れと学習要素、評価をデザインし直すことを重要視しています。

3. コースの分析

3.1　学習ニーズの確認

　分析では、学習者のニーズやレディネス、学習特性などを具体的に確認します。「みなと」の対象は、地理的・時間的・経済的な制約で、教室で学ぶ機会がない、継続できないといった世界中の日本語学習者です。学習ニーズの把握は、「みなと」の開発にあたって複数回行った海外のオンライン学習ニーズ調査、運用を開始してからは、各コース終了時のアンケート、年に一度の「みなと」ユーザーアンケートなどで行っています。

　新しいコースを制作するときは、「みなと」ユーザーの学習ニーズの高いものから、対面授業の経験をもとに提供できるテーマを選び、コースタイプ、日本語レベル、学習カテゴリなどの基本設定を考えます。本節で事例として挙げる「教サポコース」の受講を希望する学習者は、少なくとも「自習コース」のように完全に自分のペースで自学自習するよりも、教師のサポートやクラスメートとともに学習するスタイルを好み、期待するということも、内容や活動がニーズに合うかを考える前提となります。

3.2　ペルソナ設定

　そのコースで学ぶ対象者の具体的な人物像「ペルソナ」《➡「用語集」参照》を想定します。学生なのか、働いているのか、何歳ぐらいか、どの国のどんな環境にいて、母語は何語か、どんな生活サイクルで、何に興味を持っているのか、デバイスは何を使っていて、どんな通信環境なのか、日本語学習経験はあるのか、日本語で何ができるようになりたいのか、どんな学習スタイルを好むのかなど、具体的な人物像を描きます。

　このペルソナは、特に自学自習（非同期）部分の活動や教材を作る際に、あの学習者ならこの教材でどう学び、どう反応するかを思い浮かべながら検討するなど、教師側の視点ではなく、学習者側の視点で学習をデザイン、制作、評価する上でも、大きな指針となります。

4. コースの設計

4.1 Can-do 目標の設定

　「みなと」の日本語コースでは、対面授業よりも自学自習（非同期）の割合が大きくなるため、学習者自身が学習を管理できるように、そのコースで何ができるようになるのかを、Can-do 目標（何がどのくらいできるかを「〜できる」で記述した行動目標）で示します。「JF日本語教育スタンダード」に基づき、A1、A2などコースの対象レベルに合った具体的なCan-do目標を設定しています。

4.2 「学習ステップ」と「学習要素」の設定

　Can-do目標を達成するために必要な学習活動の流れ「学習ステップ」を設定する際は、まず、どの活動を自学自習（非同期）で、何をライブレッスン（同期）で行うと良いかを考えます（表2）。

表2　自学自習（非同期）とライブレッスン（同期）向きの活動

自学自習（非同期）向きの活動	ライブレッスン（同期）向きの活動
・オリエンテーション ・導入、説明 ・基本練習 ・「聞く・話す・読む・書く」活動 ・内容理解や達成確認のクイズ ・課題（作文等）、発表準備 ・学習の振り返り、自己評価 ・テスト	・質問 ・個別化 ・会話、ディスカッション、発表とQ＆A ・グループワーク、共同作業 ・体験交流活動 ・オーラルテスト 　フィードバック　やりとり・交流

　自学自習（非同期）に向いているのは、オリエンテーションや導入・説明などのインプット中心の活動です。また、基本練習や聴解、読解、作文などの活動、内容理解や達成確認のクイズも、教材や動画、テストなど「学習要素」の組み合わせやその制作で工夫すれば、自学自習でも実現できます。課

題、発表準備、学習の振り返りや自己評価、テストなどの個人作業も、自学自習（非同期）に向いている活動です。

　ライブレッスン（同期）に向いているのは、わからないときの質問に対する教師からの答え、各学習者のニーズに合わせて日本語で表現するための個別化の手助けなど、教師や仲間の「フィードバック」が必要な活動、会話やディスカッション、発表に対する質疑応答などの「やりとり」の活動、学習者同士の共同作業の中で学びが生まれるグループワーク、実際の場面で日本語を使う体験や交流などの活動、オーラルテストなどです。

　「みなと」の日本語コースのデザインにおいては、自学自習（非同期）で実現が難しい「フィードバック」や「やりとり・交流」こそ、ライブレッスン（同期）でやるべきこととしてデザインし直すようにします。

　また、対面授業では、授業内の活動の流れを中心に、予復習や宿題、確認クイズなど、前後の補足要素を考えていくことが多いと思います。一方、「みなと」の日本語コースでは、ライブレッスン（同期）も「学習要素」の一つと捉え、「学習ステップ」を考える際には、各学習活動を、「教材、動画、テスト、課題、ライブレッスン」など、どの「学習要素」で実現すれば効果的か、連動して考えていきます。

4.3　評価方法と修了要件の設定

　評価は、Can-do目標の達成を評価するものとなっていることが大切です。いつ（どの「学習ステップ」で）、何で（教材や動画、クイズやテスト、課題、ライブレッスンへの参加や発表など、どの「学習要素」で）、誰が（教師か、自己評価か、ピア評価か）、どのように（Can-doチェック、ルーブリック、クイズやテストの点数、課題や発表のパフォーマンス評価とコメントなど）評価するかを検討します。

　「みなと」の日本語コースの評価では、コース終了時のテストの点数だけを評価対象とするのではなく、各学習ステップ内にも達成確認、評価のプロセスを組み込んでおき、各学習ステップを終えたかなど「自学自習」のプロセス自体も全体評価に反映し、形成的評価《➡「用語集」参照》の比重を高く

します。

　そして、どの「学習要素」が評価の対象で、評価方法や基準はどのような
ものか、評価対象要素の全体評価におけるパーセンテージなどを「修了要
件」として事前に設定し、学習者にもコース概要や開始時のオリエンテー
ションで提示します。

5. コースデザイン事例「スピーチ A2 （観光）教サポコース」

　対面授業での実践をもとに、「みなと」上で制作、開講した「スピーチ A2
（観光）教サポコース」のコースデザイン事例を紹介します。

5.1　対面授業のスピーチコース

　『初級からの日本語スピーチ』（国際交流基金関西国際センター編 2004）
を使用し、KC の日本語研修において対面授業で行ってきたコースです[2]。外
交官研修で実施している対面授業のスピーチコースの流れは、表 3 の通りで
す。対面授業では、クラスでスピーチテーマごとに 2 から 7 を繰り返し、最
後に、地域の人々なども招いてスピーチ発表会と質疑応答を行います。

表 3　対面授業のスピーチコースの流れ

	学習内容		形式
1	オリエンテーション	目的、スケジュール、いいスピーチとは	クラス
2	テキストに沿った学習	スピーチフロー、Q＆A で各自の内容づくり（語彙・表現確認）、モデルスピーチでイメージ	クラス
3	原稿の準備	各自原稿作成→教師添削	宿題
4	原稿の最終化	意図確認、リライト→教師モデル音声	個別
5	練習、視覚資料の準備	スピーチ練習、PPT 資料準備	宿題
6	スピーチ発表	スピーチ発表、質疑応答、ピアコメント	クラス
7	自己評価	ビデオで自己評価→教師評価コメント	宿題

5.2　「みなと」のスピーチコース

　「みなと」のスピーチコースは、海外のA2レベルの学習者で、話す機会がない、話すことに自信がない、まとまった話をしたい人を対象に、スピーチ学習を通して、日本語で話す機会を提供し、口頭能力の向上を図ることをねらいとしたコースです。担当教師間で話し合い、コースの概要、Can-do目標、学習ステップと学習要素、修了要件は以下のように設定しました。テーマは「観光」に絞り、ステップ・バイ・ステップで学び、オンラインでスピーチ発表会をするコースとしました。

【コース概要】

　コースタイプ：教師サポート付きコース　日本語レベル：A2

　学習カテゴリ：話す、書く、聞く　解説言語：英語　学習時間の目安：9時間

【Can-do目標】

1. 談話構成が示されれば、自国の観光地について短い簡単なスピーチ原稿を書くことができる。
2. ときどきメモを見ることができれば、練習済みの短い簡単なスピーチをすることができる。
3. ときどき繰り返しや説明を求めることができれば、発表後の簡単な質問に答えることができる。
4. 視覚的な補助があれば、短い簡単なスピーチを聞いて、おおよその内容が理解でき、事実確認等の簡単な質問ができる。

【学習ステップ、学習要素、修了要件】　※合格は60%以上

	学習ステップ	学習要素	修了要件
1	コースオリエンテーション	PPT 動画	5%
2	【ライブレッスン】話すことを考える	ライブレッスン	20%
3	スピーチ原稿を書く	課題	20%
4	スピーチの準備をする	教材	10%
5	【ライブレッスン】スピーチ発表会	ライブレッスン	30%
6	自己評価　ビデオ	課題　動画	10%
7	学習のふりかえり	アンケート	5%

　コースの基本構成である「オリエンテーション→学習活動→評価」の流れは対面授業と同様ですが、オンラインコースのデザインでポイントとなる学習ステップと学習要素の設定について、3点、工夫しました。

　一つ目は、「コースオリエンテーション」をStep 1でPower Point（以下PPT）動画にした点です。対面授業では授業内で教師が目的やスケジュールを説明しますが、情報提供が中心なので、非同期でも可能な活動だと考えました。ただし、文字だけでは伝わりにくい内容であることを踏まえ、Can-do目標やスケジュール、評価方法の明示だけではなく、各ステップで何をするのか、ステップ・バイ・ステップの学習の流れをわかりやすくイラストやキーワードで順番に説明するPPT動画にしました。

　二つ目は、「やりとり」のあるStep 2「話すことを考える」とStep 5「スピーチ発表会」をライブレッスンで行うことにした点です。Step 2は教材にすることも考えましたが、授業でスピーチの内容をQ＆Aで話しながら作っていく活動は、各学習者が言いたいことを表現するための個別化として教師や他の学習者の「フィードバック」が必要であり、また、Q＆Aでの教師やクラスメートとの「やりとり」自体がコースのねらいの一つである「話す機会の提供」にもつながるためです。Step 5もスピーチ発表だけでなく、他の学習者のスピーチを聞いて理解した上で質疑応答をしたり、発表についてコメントしたりする「やりとり」も含みます。このように教師と学習者、学習者同士の「やりとり」や「フィードバック」は「同期」ですべき活動だと考え、ライブレッスンにしました。

　三つ目は、「自己評価」をStep 6で課題と動画にしたことです。各学習者が自身の発表動画を視聴して、発表や質疑応答を振り返り、自己評価シートに記入することを課題としました。個人での振り返り作業は「非同期」に適した活動だからです。なお、教師による評価コメントでのフィードバックは自己評価提出の後としています。

　また、内容の可視化として、学習ステップの「タイトル」を見ればどんな学習活動か端的にわかるようにし、「修了要件」もスピーチ発表だけでなく、各ステップでの学習も評価の対象とするなど、Can-do目標、学習活動と教材、評価の一貫性を学習者にもわかりやすく示しています。

6. コースの開発―自学自習（非同期）用の教材―

「みなと」のコースデザインの次の段階の「開発」では、「設計」に基づき、各「学習要素」を制作していきます。ここでは、自学自習（非同期）用の教材の工夫について紹介します。

対面授業の経験をもとに教材を考えるとき、まず、教室で使っている配布資料やPPTを活用できないかということが思い浮かびますが、そのままオンライン上で提供しても、学習者は「自学自習」できません。なぜなら、対面授業用の教材は、教師が授業中に指示や説明をし、学習者同士の活動を通してフィードバックを得ながら学習することを前提に作られているからです。そのため、そのままでは教室での学習体験のように、主体的でインタラクティブに学ぶことはできないのです。

ここでは、「アニメ・マンガA2（学校場面）教サポコース」（武田他2017）[3]の学習ステップの中の一つのPPT動画教材を例に、自学自習用だからこそ、迷わず、わかりやすく、主体的でインタラクティブな学びを実現するための教材のポイントを紹介します。

6.1　対面授業の流れを教材の構成に落とし込む

対面授業を教師がどのような流れで進めているか思い浮かべてみると、「導入」→「展開」→「まとめ」となっていると思います。自学自習用の教材の制作において、このような授業の流れを教材の構成に落とし込むことが一つ目のポイントです（図1）。

導　入		展　開		まとめ
A　注意の喚起	⇨	A　スモールステップ構成	⇨	A　内容のまとめ
B　学習目標の提示		B　参加できる場の作成		B　Can-doチェック
C　場面の意識付		C　練習にバリエーション		C　次へ誘導

図1　対面授業の流れを教材の構成に落とし込む

【導入】

　導入では、学校場面に入り込めるよう、学校のイラストと「キーンコーン　カーンコーン」という効果音で、「A 注意の喚起」をし、黒板に目標Can-doを示すことで、「B 学習目標の提示」をするとともに、教材で学ぶ内容との関係を示し、学習する日本語が使われる場面を学校場面のマンガ内のセリフで示すことで、「C 場面の意識付け」をしています。

A　注意の喚起

B　学習目標の提示

C　場面の意識付け

【展開】

　展開では、導入→確認を少しずつ負担のないように繰り返す「A スモールステップで構成」し、非同期教材内であっても主体的な練習ができるよう、"You"で発話を促す工夫によって「B 参加できる場の作成」をし、飽きずに繰り返し練習できるよう、次の練習では3秒以内に表現を言ってみるなど「C 練習にバリエーション」をもたせています。また、クイズやゲームの要素を取り入れたり、学習者自身の興味、関心に合わせて内容を選択できるような工夫をしたりします。

A　スモールステップで構成

B　参加できる場の作成

C　練習にバリエーション

【まとめ】

　まとめでは、教材内で学習したことを整理する「A 学習内容のまとめ」をし、Can-do目標の達成を自己評価する「B Can-doチェック」を促し、次に何を学習するのか提示する「C 次へ誘導」を行っています。

A 学習内容のまとめ

B Can-do チェック

C 次へ誘導

6.2　対面授業の教師の役割を教材内に具現化する

　対面授業で、教師はどんな役割をしているか考えてみると、教師は教室の中にいて、学習者に口頭での説明や板書などで情報を提示したり、活動の指示をしたり、進行管理をしたりすることで、メリハリがある授業を実現していると思います。対面授業におけるこの教師の役割を自学自習（非同期）用教材の中に具現化することが、今何をしているか「わかりやすい」、「イライラしない」教材を実現するためのポイントです（図2）。

図2　対面授業の教師の役割を教材内に具現化する

【A 存在する】

　ナビゲーションキャラクターが教師代わりに教材画面上に存在すること

で、教師が果たす役割を視覚的にも明確にします。教師の画面上の顔出し、キャラクターやアバターの設定や没入感による学習動機づけの効果は、教育工学やゲーミフィケーション《➡「用語集」参照》などの分野でも確認されています。

【B 情報の提示】

情報は見やすい位置に時間差で表示することで、「形に注目させ、気づきを促してから説明を加える」、「考えさせてから、答えを提示する」など、対面授業で教師が行っている情報提示の流れを実現できます。教材画面上では視線の動き、注意を引く文字の色や大きさ、提示順序やタイミングの効果を意識して、情報を提示します。

【C 指示】

教師がする活動指示をナビゲーショキャラクターの吹き出しで右下に出すなど、位置や表示を固定しています。非同期用に授業動画を作成する際も、指示では定位置に顔出しし、学習内容の説明ではPPT画面共有と音声のみにするなど、教師の役割ごとに位置や表示を固定化すると効果的です。

【D 進行管理】

教材や動画が単調にならないよう、次の学習項目や練習に移る学習の区切りでBGMを変えて、区切りを意識させたり、練習の時間管理タイマーや解答表示のタイミングで効果音をつけたりします。教師が授業で行っている進行管理の役割を聴

覚的な効果で表すと、学習の進行にメリハリがつきます。

6.3　教育工学の知見を活かす

　ここまで、自学自習（非同期）用の教材を制作するためのポイントとして、「対面授業の流れを教材の構成に落とし込む」（構成）、「対面授業の教師の役割を教材内に具現化する」（UI: ユーザーインターフェース《➡「用語集」参照》）の 2 点を紹介しました。

　前者では、ID における学習者中心の授業設計のための「ガニェの 9 教授事象」《➡「用語集」参照》、魅力的で動機づけを高める授業や教材設計のための「ケラーの ARCS モデル」《➡「用語集」参照》、「ゲーミフィケーション」などを参考に、自学自習用の教材の中で、インタラクティブで主体的な学習を実現し、動機づけを高めるための工夫をしています（鈴木 2002; ライゲルース他 2020）。

　後者では、遠隔教育や MOOC などの実践に基づく認知心理や学習分析の知見を反映しています。オンライン授業の教材では、学習者が画面上に集中するため、視覚や聴覚に訴えること、動画、音声、文字、画像、図表などの複数メディアによる認知負荷やモダリティ効果を考慮して、情報提示や UI デザインを行う必要があること、学習者が集中できる時間は音声は 3 分、動画は 6 分以内といった分析を踏まえ、短時間で学べる小単位の教材とすることなどを教材の工夫にも反映しています。

　このように、対面授業の経験だけに頼らず、教育工学の知見も活かすことで、「自学自習」を支援する効果的な教材を作ることができます。

7.　コースの開発―ライブレッスン（同期）用の教材―

7.1　活動の補助としての教材

　ライブレッスン（同期）用の教材は、同期ですべき活動に絞っているのであれば、対面授業と同様に活動を進めるための補助的な教材で十分です。非

同期とは異なり、教師が活動の指示や説明、情報提示、質問対応、フィードバックを適宜行えるからです。

　たとえば、前述の「みなと」のスピーチコースのStep 2 ライブレッスン「話すことを考える」では、対面授業の教材をもとに作成したPDF教材を画面共有し、Q＆Aで「やりとり」の活動を進めながら各自のスピーチ内容を作っていきます。PDFは事前に共有し、学習者は必要に応じてプリントアウトします。ライブレッスンで教師や他の学習者が興味を持つ内容であるかなどの「フィードバック」を受けながら、自分のスピーチに必要な表現のメモを取ります。授業の終わりに、次の活動「原稿を書く」への誘導のため、活動の進め方や締め切り、発表会の予告と評価基準などをPPTで示して確認する程度です（図3）。

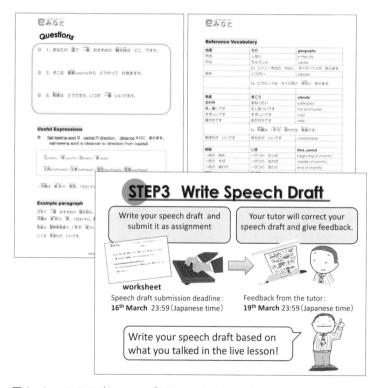

図3　Step 2 ライブレッスン「話すことを考える」教材の一部

　Step 5「スピーチ発表会」も同様で、事前にスピーチ後の質疑応答で使う表現をまとめた PDF 教材を共有しておきます。ライブレッスンでは、冒頭でスピーチ発表会の流れを PPT で確認する以外、「スピーチ発表会」自体は発表者が画面越しに聴衆とアイコンタクトを取りながらスピーチし、質疑応答することに集中できるよう、教材は使いません。

7.2　同じ活動を繰り返さない

　非同期教材で自学自習したことの成果確認の場としてライブレッスン（同期）を定期的に行う場合の教材はどうでしょうか。「まるごと A1-1（かつどう・りかい）教サポコース」[4]では、自学自習教材で学んだ成果の確認の場として、2 週間に一度、トピックごとにライブレッスン（同期）を行い、Can-do に基づく活動を行っています。たとえば、A1-1 のトピック 3「たべもの」では、目標 Can-do のうち、「好きな食べ物は何か話す」、「私の朝ごはんを写真を見せながら紹介する」をライブレッスンの活動としています。これらに必要なフローや表現を参照できるよう、プレタスクシートの PDF を事前に共有し、各自が写真や話すことを準備しておきます。当日は、目標 Can-do や会話のフローの簡単な確認をしてから、Can-do に基づく活動を行います。その際、非同期教材も利用できますが、導入、説明、練習など、非同期で学習済みの活動と同じプロセスを繰り返さないことが大切です。教師としては学習者間の足並みを揃えるつもりであっても、非同期教材で自学自習したことを前提とし、同期ですべきことに絞って進めるという習慣づけ、同期ならではのフィードバック、やりとり・交流に集中できるようにすることが大切だと考えています。

8.　コースの実施―教師の役割の変化―

8.1　コースの全体像の可視化

「自学自習」を支えるために、コースの全体像を可視化し、わかりやすく

迷わないように示すことは、教師が事前に準備すべき役割です。対面授業からオンラインに移行したけれど、学習者が今何をすべきかわかっていないという教師の声を聞くことがあります。対面授業では、教師が学習活動の位置づけを説明し、進行を管理できますが、オンラインの場合、教材や動画、課題など提示された膨大な資料の関係がわかりにくく、目標を意識せず動画を視聴するなど、学習者が「迷子」になりがちだからです。

　「みなと」の日本語コースでは、学習者にわかりやすい形でコースの全体像を可視化することを重要視しています。まず、コース概要やオリエンテーションなどで、Can-do目標と学習の流れ、教材、評価などのコースの全体像を示すとともに、どの「学習ステップ」をいつ学ぶのかスケジュールや締め切り日時を明示し、ステップごとに「学習要素」のファイル名も統一し、番号で順序を示すなど、学習の進め方、内容を整理してわかりやすく示すようにしています。

8.2 「自学自習」のサポート

　「みなと」の日本語コースでは、主役は学習者で、学習を管理するのも基本的には学習者自身だということを念頭に、「自学自習」のサポート役[5]としての教師の役割の変化を意識することを大切にしています。

　学習者が迷ったり、意欲を失ったりしないよう、適切なタイミングでサポートしたり、指示したり、リマインドしたりできるよう、「学習ステップ」や「学習要素」以外に、学習者との個別のコミュニケーションの方法やタイミングを考えておきます。

　「みなと」では、コースの参加者や個別の学習者に個別の連絡メールを送る「お知らせ配信」、教師と学習者の一対一のやりとりができる「メッセージ」などの機能を利用しています。たとえば、スピーチコースでは、学習者にスピーチ原稿や自己評価などの課題の提出のリマインドや、教師の原稿の添削や各自のスピーチ発表動画がアップされていることを「お知らせ配信」で知らせたり、学習者と教師との個別の連絡や相談を「メッセージ」でやりとりしたりします。クラス単位での一斉連絡、提出が遅れた場合のリマイン

ドなどは、やる気を維持する励ましとして効果的なタイミングになるよう、事前にある程度サイクルや日時を決めながら、必要に応じて担当教師が柔軟に個別対応します。

8.3 「人とつながる」場づくり

自学自習（非同期）の学習要素だけでは実現が難しい、「質問」「フィードバック」「やりとり・交流」などの「人とつながる」場づくりも教師の役割です。

ライブレッスン（同期）の機会に、活動を工夫し、ファシリテーターに徹しながら、教師、学習者同士のやりとり・交流やフィードバックの場とするのはもちろんです。また、教師による課題の添削や評価コメントなど教師と各学習者がつながり、個別のフィードバックを行うことで、ラポール（親密な信頼関係）を形成することも必要です。一方、授業や教材、課題とは別に、教師、学習者同士で質問、コメント、コミュニケーションできるよう、「人とつながる場」を設定することも大切です。教師や仲間など人とのつながりを感じながら学ぶことが自学自習の動機づけに効果があることは、遠隔教育やMOOCの知見からも明らかになってきています。

「みなと」の日本語コースの場合、コースの「グループ掲示板」の中に、自己紹介、Q&A、コース内容や進捗に合わせたお題を立てて、コースに参加する教師、学習者同士がやりとり、交流し、つながる場を設定しています。この掲示板を、他の学習者が提出した課題や成果物に対するピアコメントの場として活用することもあります。

9. おわりに

本節では、対面授業の実践をもとに開発した「みなと」の教サポコースのいくつかを例に挙げ、オンラインの特徴を踏まえ「自学自習」を前提としたコースデザイン、自学自習（非同期）とライブレッスン（同期）の教材の工夫、教師の役割の変化のポイントを紹介しました。

　国際交流基金の国内外の拠点では、コロナ禍以前から対面授業とともに「みなと」で日本語コースの制作や運用を経験していたため、コロナ禍で対面授業のオンラインへの切り替えも比較的スムーズに行うことができました。その実践の多くは、「みなと」の機能を使わずに、Google Drive などの資料共有サービス、SNS や Slack などの連絡ツール、Zoom での授業など外部のフリーサービスを使って実現しています。

　「みなと」の運用を通じて、Zoom の使い方やオンラインでの連絡、学習者の反応に慣れていて、抵抗感や不安が少なかったことなど、ICT スキル面の経験ももちろん役立ちましたが、やはり、「自学自習（非同期）」、「ライブレッスン（同期）」ですべき学習活動やそれを実現する教材、教師の役割の変化など、オンラインの特徴を踏まえたコースデザインの意識づくりがすでにできていたことが大きかったと感じています。現在、KC でも訪日が再開できない日本語研修をオンライン研修として実施していますが、そこでも、どの活動を非同期、どの活動を同期ですべきかをデザインし直しています。

　ICT を活用したビッグデータや AI などの技術の発展により、これからの教育は、各学習者に最適化された学習内容が提供され、フィードバックが自動化される時代が到来するかもしれません。コロナ禍が終息し、対面授業を再開できるようになっても、対面授業だけを中心とした教育に戻ることはなく、今後は「自学自習」（非同期）と、対面授業またはオンライン授業（同期）を組み合わせながら、各学習者に最適な学習を提供していく時代になると考えられます。そこで求められる教師の能力や役割は、従来の対面授業の経験だけに頼らず、教育工学の ID、遠隔教育や MOOC の学習分析やメンタリング等の知見も踏まえながら、学習者の「自学自習」も含む形でコースや教材をデザインし直し、学習をサポート、ファシリテートする能力や役割に変わっていくと考えられます。「みなと」における日本語コース制作と運用の経験は、これからの日本語教育に対応していくためのきっかけともなったと思います。

<注>

1.「日本語コース」の制作と運用における共通の工夫については千葉・熊野（2018）

を参照のこと。各コースの工夫については、関西国際センターが教師向けに情報発信している Web サイト「KC クリップ—そのまま見せます！私たちの日本語教育—」上で論文や発表資料、オンラインコースの対面授業での活用例やアイディアを参照できる。

2. 教材『初級からの日本語スピーチ』や、対面授業のコースデザインの詳細、関連論文は「KC クリップ」を参照のこと。

3.「アニメ・マンガの日本語」オンラインコースの工夫や改善については、武田他（2017）を参照のこと。

4.「まるごと A1 教師サポコース」の運用上の工夫や成果については、千葉他（2018）を参照のこと。特に、教師サポートとして行っている「課題の添削、ライブレッスン、オーラルテスト、グループ掲示板運用、教師からのお知らせ・メッセージ」などについて詳述している。

5. e ラーニングを支援するためのメンタリングについては松田・原田（2007）が参考になる。

🔍 参考 Web サイト

国際交流基金関西国際センター「JF にほんご e ラーニング みなと」<https://minato-jf.jp>

国際交流基金関西国際センター「関連研究・発表【みなと・オンラインコース】」（KC クリップ—そのまま見せます！私たちの日本語教育—）<https://kansai.jpf.go.jp/clip/minato/related.html>

国際交流基金関西国際センター「初級からの日本語スピーチ」（KC クリップ—そのまま見せます！私たちの日本語教育—）<https://kansai.jpf.go.jp/clip/speech/>

国際交流基金日本語国際センター「JF 日本語教育スタンダード」<https://jfstandard.jp/top/ja/render.do>

📘 参考文献

国際交流基金関西国際センター編（2004）『初級からの日本語スピーチ—国・社会・文化についてまとまった話をするために—』凡人社

鈴木克明（2002）『教材設計マニュアル—独学を支援するために—』北大路書房

武田素子・北口信幸・大西薫（2017）「動機付けを目的とした「アニメ・マンガの日本語」オンラインコースの制作と運用」『2017 年度日本語教育学会秋季大会予稿

集』，417-422.

千葉朋美・熊野七絵（2018）「「JF にほんご e ラーニング みなと」における日本語オンラインコースの開発と運用──e ラーニングでの自学自習を継続するために──」『ヨーロッパ日本語教育』22，372-377

千葉朋美・武田素子・廣利正代・笠井陽介（2018）「「まるごと（A1）教師サポート付きコース」の運用と成果──オンラインコースにおける学習者支援──」『国際交流基金日本語教育紀要』14，51-66

信岡麻理・和栗夏海・伊藤秀明・山下悠貴乃・川嶋恵子・三浦多佳史（2017）「「JF にほんご e ラーニング みなと」の構成と今後の展望」『国際交流基金日本語教育紀要』13，125-132

松田岳士・原田満里子（2007）『e ラーニングのためのメンタリング──学習者支援の実践──』東京電機大学出版局

ライゲルース，C. M.・ビーティ，B. J.・マイヤーズ，R. D.（2020）『学習者中心の教育を実現するインストラクショナルデザイン理論とモデル』（鈴木克明監訳）北大路書房

第3章

オンライン授業における
著作権とは

オンライン授業の著作権

高橋薫

1. はじめに

　オンライン授業用に教材を作成するときに、気になるのが著作権の問題です。「著作権法違反にならないようにするにはどうしたらいいのだろう？」「具体的にどのように気をつければいいの？」と二の足を踏んでいる方も多いかもしれません。本節では、教育で著作物を利用するときの注意点について、皆さんと一緒に考えていきたいと思います。私自身は一日本語教師で、法律家でも著作権の権利処理（著作権者に著作物利用の許可を得ること）の専門家でもありません。しかし、自分自身がオンライン授業の一種である反転授業《➡「用語集」参照》の研究を行う上で、著作権の問題を考える機会がありました。そこで、現場の教員の素朴な疑問（自分自身も含めて）に答えるために、日本語教師・放送番組をつくる専門家・知的財産アナリストで連携し、日本語教員のための著作権セミナーの開発研究を行いました（高橋他2018）。その経験をもとに、著作権の問題を日本語教育の現場に引きつけて考えていこうと思います。所々に法律の条文が出てきますが、覚える必要はありません。著作権を考えるときの呪文だと思って読み進めてください。

　著作物の教育利用については、著作権法第35条に定められています。著作権法の改正によって、著作権法第35条が定める学校教育機関が著作物を教育で利用する場合、2021年度以降は権利者団体であるSARTRAS（サートラス；一般社団法人授業目的公衆送信補償金等管理協会）に授業目的公衆送信補償金を支払うことで、オンライン授業などでも権利処理を行わずに著作物を利用できることになりました（補償金の金額については、一般社団法人

授業目的公衆送信補償金等管理協会（2020）を参照してください）。しかし、この点があまり一般に周知されていないように思います。「えっ、今まで授業で著作物を使うときに補償金なんて支払ったことがないのに、なぜ払わなきゃいけないの？」「この補償金って誰が払うの？」など、疑問を感じている人もいると思います。「著作物の教育利用に関する関係者フォーラム」という団体が、2020年12月に「改正著作権法第35条の運用指針」について取りまとめた文書を発表しています（この運用指針は定期的に更新されるので、最新版を確認することをおすすめします）。本節では、まず、この文書を手掛かりに、著作物の教育利用について考えるときのポイントを概観します。次に、もう少し詳しく学びたい人のために「著作物」「著作者」「著作権」ついて考えます。最後に、著作物の利用許諾申請について取り上げたいと思います。

2. 著作物の教育利用について

著作権法第35条（平成30（2018）年改正）には、教育における著作物の利用について、次のように定められています。下線は「著作物の教育利用に関する関係者フォーラム」が2020年に発行した改正著作権法第35条の運用指針の中で、用語の定義を記しているものです。これらは教育の現場で著作権を考えるときのキーワードと捉えていただくと良いと思います。

　　学校その他の教育機関（営利を目的として設置されているものを除く。）において教育を担任する者及び授業を受ける者は、その授業の過程における利用に供することを目的とする場合には、その必要と認められる限度において、公表された著作物を複製し、若しくは公衆送信（自動公衆送信の場合にあつては、送信可能化を含む。以下この条において同じ。）を行い、又は公表された著作物であつて公衆送信されるものを受信装置を用いて公に伝達することができる。ただし、当該著作物の種類及び用途並びに当該複製の部数及び当該複製、公衆送信又は伝達の態様に照らし著作権者の利益を不当に害することとなる場合は、この限り

でない。（第35条）

　条文を読んでみると、「学校その他の教育機関」が「授業」の過程で著作物を利用する場合は「必要と認められる限度」であれば、「複製」したり「公衆送信」したりすることが認められていることがわかります。加えて、公衆送信されたものを受信装置を用いて「公に伝達」することができるとあります。では、教育現場での著作物の利用をイメージしながら、それぞれのキーワードについて考えていきましょう。

　「公衆送信」とは、著作物を放送したり、著作物をサーバー《➡「用語集」参照》などに保存してインターネットで送信可能な状態にすること、あるいは、送信することを言います。オンライン授業では教材を教育機関のLMS（Learning Management System: 学習管理システム）《➡「用語集」参照》などにアップロードして使用しますが、コンテンツをLMSサーバーにアップロードすると、それは送信可能な状態、「送信可能化」とみなされ、「公衆送信」の一部になります。なぜ、この「送信可能化」が問題にされるかというと、サーバーにコンテンツをアップロードするということは、インターネットを通じてコンテンツが拡散される危険性を孕んでいるからです。実は私が反転授業の研究を行う上で、著作権のことが気になり出したのは、反転授業が「公衆送信」にあたるからでした。しかも、反転授業では授業外でコンテンツを視聴してもらうことから、かつては「授業」の過程とみなされていなかったのです（現在は「授業」の過程に含まれます）。そのため、「この教材を使用するには、実は権利処理が必要なのでは？」と思うことがしばしばありました。しかし、今回の著作権法の改正では、「学校」が「授業」で著作物を利用する場合、「学校」を設置するものが、権利者団体に補償金を一括して支払うことで、個別の利用許諾申請が不要になりました。これは、教員にとってはオンライン授業がしやすくなったと考えて良いと思います。

　では、「公衆送信されたものを受信装置を用いて『公に伝達』することができる」とは、どのような場合でしょうか。たとえば、次のようなケースです。NHKは「NHK for School」という教育利用するためのコンテンツをウェブサイト上で公開しています。このようなコンテンツを教員が自分のコン

ピューターからアクセスして再生し、プロジェクターで投影して履修者に視聴してもらう場合などが「公に伝達」することにあたります。このとき教員は、コンテンツを自分のコンピューターなどに保存して再生しているのではなく、「公衆送信されたものを受信装置を用いて『公に伝達』」しているわけです。

　日本語教育の場合、気をつけなければならないのが、日本語学校の多くが著作権法第35条の定める「学校その他の教育機関」にあたらないということです。学校法人の日本語学校を除くと、多くの日本語学校は、教育を行ってはいるものの、現在は著作権法第35条が定める「学校その他の教育機関」にはあたりません。そのため、著作物を利用するには、基本的に権利者の許諾が必要になります。「えっ？いちいち許可を取っていたら授業にならないよ」と思いますよね。これらの利用許諾申請は教師個人が個別に行うのではなく、教育機関単位で対応する必要があります《➡著作物の利用許諾申請については「4. 著作物の利用許諾について」を参照》。

　「授業」の過程というのは、対面による授業の他に、オンライン授業や履修者による予習、復習も含まれます。オンライン授業には、①オンライン会議システムのZoomなどを利用してリアルタイムで授業を行う同期型《➡「用語集」参照》、②講義ビデオや教材をLMSにアップロードして履修者が好きな時間に視聴する非同期型《➡「用語集」参照》、③授業を対面で受ける履修者とオンラインで受ける履修者がいるハイフレックス型《➡「用語集」参照》、④講義ビデオを予習として事前に視聴し、授業では応用的な課題に取り組む反転授業（flipped classroom）などがあります。近年の日本語教育は、教室内での対面授業だけで完結するのではなく、何らかのオンライン授業が行われることが多いと思われます。すなわち、オンライン授業は「授業」の過程であると当時に、「公衆送信」でもあります。前述したように、サーバーにコンテンツをアップロードすると、インターネットを通じてコンテンツが拡散される可能性がありますから、教材をアップロードするときには著作権に配慮する必要があります。たとえば、学習者が日本国外にいて市販されている教科書を購入できないからといって、まるごとコピーしてLMSで配布するのは、もちろん法に抵触します。

　「複製」とは、著作物を「印刷、写真、複写、録音、録画その他の方法により有形的に再製すること」（著作権法第2条第1項第15号）を言います。「複製」というとコピー機で複写することをイメージするかもしれませんが、それだけではありません。日本語教育では、テレビ番組を録画してそれを授業で利用したり、新聞記事の一部を利用して教材を作成したり、他者が作成したイラストや写真を自作の教材の中で利用することがあると思いますが、それらも「複製」にあたります。たとえば、初級の文型の導入に絵教材が使用されることが多く、市販されている絵教材やオンライン上で公開されているイラストや写真などを使って、授業用のスライドを作ることがあると思います。市販の絵教材の場合は、対面授業での利用は許可しているものの、「公衆送信」となるオンライン授業は想定していない場合があります。また、フリー素材のイラストや写真も、無制限で使えるわけではなく、一度に使用できる点数などの利用条件が定められていることがあります。これらの素材を使用する前に、必ず「利用規約」を確認するようにしましょう。また、「複製」とは異なりますが、自作教材の中で他者の文献からの記述や図表などを引用することがあると思います。引用するときは、きちんと出典を示し、自分のオリジナルの部分と他者の著作物からの引用部分の区別がわかるように教材を作る必要があります。

　前述したように、学校教育機関が授業で著作物を利用する場合は、「必要と認められる限度」であれば、「複製」や「公衆送信」が認められています。この「必要と認められる限度」とは、どの程度なのでしょうか。一般的に複製できるのは「教育を担任する者及び授業を受ける者」の数と考えられています。たとえば、教員1名と履修者20名であれば、21部は「複製」して配布しても良いと考えられます。この場合も「複製」できるのはあくまでも「授業」での利用です。たとえば、大学のオープンキャンパスなどのイベントは「授業」にはあたりませんし、PTAなどの会合も「授業」にはあたりませんので注意が必要です。「授業」以外での著作物の利用には、権利者の許諾が必要だと考えてください。

　最後に「著作権者の利益を不当に害することとなる場合」について考えてみましょう。実はこれが最もシロ・クロの判定が難しいところです。「改正

著作権法第35条の運用指針」でも、2020（令和2）年度版と2021（令和3）年度版を比較すると、その記載も異なっているようです（おそらく、そのときどきで審議された最新情報が提示されているものと推察します）。筆者が「これって大丈夫かな？」と考えるときのヒントにしていることは、「著作物の権利者の立場に立って考えてみる」ということです。これは、私が著作権セミナーの開発研究を行う過程で、知的財産アナリストの方に言われたことがヒントになっています。「学校で筆記用具を忘れてしまったときに、隣の席の人に『鉛筆貸して』って聞きますよね？　他人のものを勝手に使うのではなく、断りを入れてから貸してもらいますよね。自分が鉛筆の持ち主だったら、勝手に使われらいやでしょ。著作権の権利処理もそれと同じなんです」。これを聞いてなるほどなあと思いました。たとえば、授業の中で著作物の一部をコピーして履修者に配布することがよくあると思います。視点を変えて、あなたが作成した日本語教科書の一部がコピーされて履修者に配布されていると考えてみてください。1回の授業では教科書の一部かもしれませんが、毎回の授業で同じ教科書から部分的にコピーされてしまったら、それはもはや著作物の一部ではありません（これは「改正著作権法第35条の運用指針」の中で「著作権者の利益を不当に害することとなる場合」の例として挙げられています）。「ちゃんと教科書に指定して学習者に買ってもらってよ」と思うのではないでしょうか。皆さん自身が著作物を教育利用する際に、「これって大丈夫かな？」と不安に感じる場合は、権利者に利用許諾申請をした方が安全だと思います。これは著作物を授業で利用できないと言っているわけではありません。どうしても利用する必要があるのなら、その理由（著作物を利用する必然性）を説明して許諾を得れば良いのです。理解のある権利者であれば、「教育利用であれば、どうぞお使いください」と許可してくれるかもしれませんし、「このような条件で、この利用料を支払えばお使いいただいても結構です」と条件付きで許可してくれるかもしれません。いずれにしても、勝手に他人の著作物を利用するのではなく、許可を得ればいいわけです。また、前述したように、このような許諾申請は教員個人が行うのではなく、教育機関単位で申請する必要があります。オンライン授業が一般化する前は、あまり意識されることがなかった著作権ですが、学校

を運営する者は、教育の設計を行うときに、教育現場での著作物の利用も含めて、教育のあり方を考える必要があると思います。

　ここまでお話しした著作物の教育利用をまとめると図1のようになります。権利処理が必要かどうか判断するときの参考にしてください。

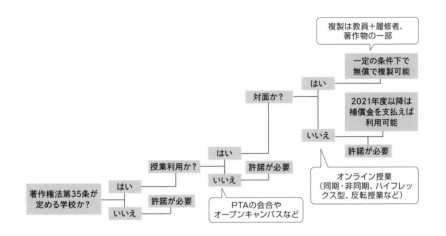

図1　権利処理を考えるときのポイント「それは授業利用か？」

　第一のポイントは、著作権法第35条が定める「学校その他の教育機関」かどうかということです。「学校その他の教育機関」にあたらない場合は、権利者団体への補償金の支払いは不要ですが、その都度著作物の権利処理が必要です。第二のポイントは、「授業」における利用かどうかということです。「授業」とみなされない場合は、権利処理が必要です。第三のポイントは、「授業」が対面かどうかという点です。対面授業の場合は、一定の条件下で無償で「複製」することができます。一方、オンライン授業の場合は、権利者団体に一括して補償金を支払うことで、その都度著作物の権利処理をする必要がなくなります。

　どのようなときに権利者に利用許諾を取る必要があるのか、何となくイメージが掴めてきたでしょうか。では、次項では「著作物」「著作者」「著作権」について考えていきましょう。

3. 著作物・著作者・著作権（著作財産権）について

3.1 著作物について

著作権法は「著作物」に関わる法律ですが、そもそも「著作物」とは何でしょうか。なぜ「著作物」を法律で保護する必要があるのでしょうか。著作権法第2条では次のように定められています（下線は筆者による）。

> 著作物　思想又は感情を創作的に表現したものであつて、文芸、学術、美術又は音楽の範囲に属するものをいう。（第2条第1項第1号）

「著作物」というと書籍や論文のように言語で書かれたものというイメージがありますが、「文芸、学術、美術又は音楽の範囲に属するもの」とあるように、音楽、振り付け、絵画、建築、図形、写真、映画、プログラムなど、多岐にわたります（詳しく知りたい方は、著作権法第10条「著作物の例示」を参照してください）。日本語教育の場面で考えてみると、教科書や絵教材、CDやDVDなどの教材は、すべて「著作物」になります。

「著作物」かどうかの分かれ目は何でしょうか。ポイントは「思想又は感情を創作的に表現」したものであるという点です。たとえば、皆さんが「学部留学生を対象としたビジネス日本語の教科書を作ってください」と依頼されたとします。「学部留学生ということは、日本で就職することを想定しているのかな？　そうすると、彼らにとって必要なのは、就職活動で必要な日本語だよね。そのためには……」と思考を巡らせ、時には調査を行ったりしながら、著作物のコンセプトを考えてそれを言語化して表現していくと思います。この試行錯誤のプロセスとそこからのアウトプットがまさに「思想又は感情を創作的に表現」することだと言えます。そこには多くの知恵とエネルギーが注がれています。そう考えると、「著作物」を利用するときには作成した人への敬意（respect）を持って使用する必要があるように思います。なお、著作物の保護期間は2018年に著作者の死後50年から70年に延長されました。保護期間が過ぎたものはパブリック・ドメイン（public domain）

《➡「用語集」参照》と言われ、原則として許諾を得ることなく利用することができます（図2）。

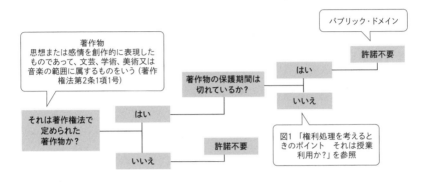

図2　権利処理を考えるときのポイント「それは著作物か？」

　では、「著作物」にあたらないものとはどのようなものでしょうか。著作権法第10条第2項では「事実の伝達にすぎない雑報及び時々の報道」は著作物には該当しないことが記されています。でも、これだけだとあまりピンときませんよね。これについて、福井（2015）は「著作物」にあたらない例として、①ありふれた表現、②事実・データ、③アイディアなどを挙げています。たとえば、新聞記事は「著作物」にあたりますが、新聞の見出しだけの場合は、短すぎたり、ありふれた表現であったりするため、「著作物」とはみなされません。また、最近は食品に何が含まれているのか成分表をつけることが義務づけられていますが、このような事実・データは「思想又は感情を創作的に表現」したことにはならないので、「著作物」とはみなされません。料理の材料や手順を示しただけのレシピなども一般的に「著作物」とはみなされません。しかし、某有名カリスマ主婦が、肉じゃがをおもてなし料理として独自にアレンジし、おしゃれな盛り付けでレシピ本として出版すると、それはもはや単なる事実・データではなく「著作物」として扱われます。一方、アイディアが「著作物」ではないというのはやや意外な感じもします。アイディアに関して、福井（2015: 27-28）はレオナルド・ダ・ヴィンチのモナリザの絵画を引き合いに出して次のように説明しています。

　たとえば、絵の描き方で「空気遠近法」という技法があります。遠くにあるものは単に小さく見えるだけではなく、空気の影響でかすんで見える、という効果を利用して遠近法を表現するやり方です。この技法を大成させたひとりにレオナルド・ダ・ヴィンチがおり、この方法での代表作が……そう「モナリザ」ですね。今は全体がぼやけ気味ですからわからないかもしれませんが、当時は人物がはっきりと、遠くの風景画がぼんやりと描かれていたそうです。

　もしも、この空気遠近法というアイディアが著作物だとしたら、つまり誰も空気遠近法で絵を描けないのです。たとえ頭の中に傑作があっても、レオナルドやその遺族の許可がないと何十年もその絵は描けない。それが、アイディアを著作物として独占させない理由です。

以上のように、モナリザの絵画自体は「著作物」ですが、この絵画で使われている「空気遠近法」という技法はアイディアであるため、著作権保護の対象外となっています。著作権法とはそもそも「文化の発展に寄与することを目的とする」（著作権法第1条）法律なのです。アイディアの段階から保護してしまうと、新たな創作が困難になってしまい「文化の発展に寄与」できなくなってしまう危険性があります。

　図2に示したように、「著作物」とみなされない場合や著作物の保護期間が切れているものは、著作権法による保護の対象外となるため権利処理の必要はありません。しかし、「思想又は感情を創作的に表現」した「著作物」であれば、それらは著作権法で保護される対象となります。

3.2　著作者について

著作権法第2条では、「著作者」は次のように定められています。

　著作者　著作物を創作する者をいう。（第2条第1項第2号）

著作権法で保護されるのは「著作物」ですが、その権利を持っている人が

「著作者」です。「著作者」は著作物を創作した時点でその権利を持つことになります。「著作者」は大人なのか、子どもなのか、プロなのかアマチュアなのかということは問いません。たとえば、小学生の太郎くんが、図画工作の時間に切り絵を作ったとします。太郎くんが作成した切り絵があまりにも素晴らしかったので、担任の先生は全校生徒や父兄の皆さんにも見てもらいたいと思い、太郎くんに無断でこの切り絵を小学校のホームページに掲載しました。これは著作権法上、どのような点に配慮する必要があるでしょうか。「著作者」になるには年齢制限はなく、プロかアマチュアかは問いませんから、太郎くんは「著作者」になります。そして、太郎くんの切り絵は「著作物」として著作権法で保護される対象になります。また、小学校のホームページに掲載するということは「公衆送信」にあたります《➡「2. 著作物の教育利用について」を参照》。ですから、担任の先生は事前に権利者である太郎くん（太郎くんは未成年なので、厳密に言うと太郎くんの保護者）に「この切り絵を小学校のホームページに掲載してもいいですか」と許諾を得る必要があったわけです。この権利者に許諾を得る行為が権利処理ということになります。担任の先生は良かれと思ってやったことかもしれませんが、許諾を取らずに「著作物」を利用してしまうと、思わぬトラブルになりかねません。

　一般的に「著作物を創作する者」が「著作者」となりますが、例外があります。それは職務上、著作物を作成する場合です。これを「職務著作」と言います。法人が著作者となる「職務著作」の要件について、著作権法第15条では次のように定められています（下線は筆者による）。

　　　<u>法人その他使用者</u>（以下このにおいて「法人等」という。）<u>の発意に基づきその法人等の業務に従事する者が職務上作成する著作物</u>（プログラムの著作物を除く。）で、その法人等が<u>自己の著作の名義の下に公表するもの</u>の著作者は、<u>その作成の時における契約、勤務規則その他に別段の定めがない限り</u>、その法人等とする。（第15条第1項）

　この条文を日本語教育の現場に置き換えて考えてみましょう。皆さんがあ

る日本語学校に雇用されているとします。1）雇用先である学校の発意に基づき、2）雇用されている教員のあなたが職務上著作物を作成し、3）雇用先の学校の名義のもとに公表する場合、4）著作物の作成時の契約や勤務規則に作成した教員を著作者とするという定めがなければ、雇用主である学校が著作者となる、ということです。「えっ、私が時間をかけて教材を作ったのに、学校が著作者になるの？」と疑問に思った方は、学校との契約書にどのように書かれているのか、一度確認してみたほうが良いかもしれません。もし、契約書に「本学の教員が作成した著作物は、作成した本人を著作者とする」と書かれていたら、あなた自身が著作者となりますが、特に定められていない場合は、職務著作となる可能性が高いと言えます。ただし、大学の授業の場合はやや事情が異なり、高林（2019: 123）は次のように説明しています。

　　少なくとも私が法学部で行っている講義の講義案（レジュメ）や教科書は、当該法律を概説するものであって、職務に関連して作成されるものである。しかし、その作成は大学教授の職務とは言えず、また大学名ではなく教授個人名で公表されるだろうから職務著作には該当しない。

　このように大学の場合は、自分の研究領域について講義を行うことが多く、職務著作には該当しない場合があります。

3.3　著作権について

　これまで「著作物」「著作者」について考えてきました。では、「著作権」とはどのような権利なのでしょうか。私たちは好きなアーティストの音楽を楽しんだり、話題のアニメやマンガに没頭したり、日常生活の中で「著作物」を楽しんでいます。これらの「著作物」を創作した「著作者」の権利を法律で保護して「文化の発展に寄与すること」が著作権法の目的です。著作権法では、「著作物」が創作された時点で、「著作者」に「著作者人格権」と「著作権（著作財産権）」という二つの権利が認められます。この二つの権利

について考えていきましょう。

　まず、一つ目の「著作者人格権」は、著作者の人格的権利を保護するためのものです。ですから、他者に譲渡することができません。これを一身専属性と言います。「著作者人格権」には、「公表権」「氏名表示権」「同一性保持権」の三つの下位項目があります（表1）

表1　著作者人格権とは　　　　　　（文化庁「著作者の権利の内容について」を参考に作成）

権利	目的	種類	条文	内容	譲渡可能か？
著作人格権	著作者の人格的権利を保護	公表権	第18条	未公表の著作物を公表するかどうか等を決定する権利	他者に譲渡することができない（一身専属性）
		氏名表示権	第19条	著作物に著作者名を付すかどうか、付す場合に名義をどうするかを決定する権利	
		同一性保持権	第20条	著作物の内容や題号を著作者の意に反して改変されない権利	

　「公表権」は、未公表の著作物を公表するかどうか等を決定する権利です。すなわち著作者は、創作した著作物を公表するかどうか、公表するとしたら、いつ、どのように公表するかを決める権利を持っています。前述した小学生の太郎くんが創作した切り絵を、担任の先生が無断で小学校のホームページに掲載してしまった件は、太郎くんの「公表権」に抵触してしまったことになります。

　「氏名表示権」は、著作物に著作者名を付すかどうか、付す場合には名義をどうするかを決定する権利です。もし、著作者が、本名ではなくペンネームなどの変名で氏名表示したいと望めば、ペンネームで氏名表示することもできます。また、あえて、氏名表示はしないことを選択することもできます。「怪人二十面相」を書いた江戸川乱歩は、その作品に本名の平井太郎ではなくペンネームを表記しています。その「怪人二十面相」を原作とした「二次的著作物」のアニメの場合、クレジットに、「原作：江戸川乱歩」と原作者の氏名が表示されていると思います。これはアニメなどの「二次的著作物」に対しても、原作者の権利が反映されるからです。

　「同一性保持権」は、著作物の内容や題号を著作者の意に反して改変され

ない権利です。前述した太郎くんの創作した切り絵は黒い台紙に貼られていましたが、先生がホームページにアップロードする際、画像処理ソフトを使って台紙を赤に変えてしまったとします。著作者の許可なく著作物を改変していますから、これは「同一性保持権」に抵触したことになります。

　次に、二つ目の「著作権（著作財産権）」（以下、「著作財産権」）は、著作物の利用を許諾したり、禁止したりするための権利です。著作者の経済的利益を保護することが目的です。「著作者人格権」とは異なり、他者に譲渡したり、相続させたりすることができます。そのため、「著作財産権」については著作者＝権利者とは限りません。ここでは「権利者」という用語を使って説明します。「著作財産権」には表2に示した11の下位項目があります。基本的な考え方は、「著作権法で示した11項目の権利は、権利者が持っているため、それらの行為を無断で行ってはいけない」ということです。そのため、著作権法は禁止権と言われています。ここでは教育場面で関連しそうな「複製権」「上演権・演奏権」「上映権」「公衆送信権等」「口述権」「展示権」「譲渡権」、及び二次的著作物に関わる「翻訳権・翻案権等」「二次的著作物の利用に関する権利」について取り上げます（「頒布権」は海賊版などの流通の防止、「貸与権」は営利・非営利、有償・無償を問わず著作物の貸し借りに関係する権利なのでここでは割愛します）。

　教育場面で最も関係が深いのが「複製権」です。「複製権」とは著作物を印刷、写真、複写、録音、録画その他の方法により「有形的に再製」する権利です。利用者が無断で複製をしないように、この権利を著作者が持っています。授業では、著作物の一部を複写したり、また、生教材としてテレビ番組を録画したり、新聞記事の一部を利用して教材を作成したりすることがありますが、それらも「複製」にあたります。著作物を「有形的に再製」する権利は権利者が持っているわけですから、本来であれば、利用者は権利者に複製の許諾を取る必要があります。しかし、前述したように《➡「2. 著作物の教育利用について」図1を参照》、著作権法第35条が定める学校教育機関の対面授業であれば、一定の範囲内で著作物を複製することが許容されています。そのためか、これまで教育現場ではあまり著作権のことが意識されずに複製が行われていたように思います。

表2　著作権（著作財産権）とは　　（文化庁「著作者の権利の内容について」を参考に作成）

権利	目的	種類	条文	内容	譲渡可能か？
著作権 （著作財産権）	著作物の利用を許諾したり、禁止したりする	複製権	第21条	著作物を印刷、写真、複写、録音、録画その他の方法により有形的に再製する権利	他者に譲渡したり相続させたりすることができる
		上演権・演奏権	第22条	著作物を公に上演し、演奏する権利	
		上映権	第22条2	著作物を公に上映する権利	
		公衆送信権等	第23条	著作物を公衆送信し、あるいは、公衆送信された著作物を公に伝達する権利	
		口述権	第24条	著作物を口頭で公に伝える権利	
		展示権	第25条	美術の著作物又は未発行の写真の著作物を原作品により公に展示する権利	
		頒布権	第26条	映画の著作物をその複製物の譲渡又は貸与により公衆に提供する権利	
		譲渡権	第26条2	映画の著作物を除く著作物をその原作品又は複製物の譲渡により公衆に提供する権利（一旦適法に譲渡された著作物のその後の譲渡には、譲渡権が及ばない）	
		貸与権	第26条3	映画の著作物を除く著作物をその複製物の貸与により公衆に提供する権利	
		翻訳権・翻案権等	第27条	著作物を翻訳し、編曲し、変形し、脚色し、映画化し、その他翻案する権利	
		二次著作物の利用に関する権利	第28条	翻訳物、翻案物などの二次的著作物を利用する権利	

　たとえば、学習者がプレゼンテーションを行うと、人気アニメの主人公などをスライドに使用しがちです。これは「複製」にあたります。そして、教育機関のLMSにアップロードしたり、オンライン授業で使用したりすると、それは公衆送信となります《➡「2. 著作物の教育利用について」及び次の「公衆送信権等」を参照》。著作権法第35条が定める「学校」で「補償金」を支払っている場合は、「授業」の範囲内であれば許容されますが、日本語学校の多くは許諾が必要になるのでご注意ください。最近はスタジオジブリが作品の場面写真を「常識の範囲内でご自由にお使いください」と無償で提供しています（スタジオジブリ2020）。このような場合は許諾は不要ですが、不必要な改変をしたりしないように気をつけて利用しましょう《➡「3.3 著作権について」「同一性保持権」を参照》。また、アイドルグループのヒット曲の振り付けを真似て、学校のみんなで踊った動画をSNSなどにアップロードするケー

スもよく見られます。振り付けも著作物の一つ《➡「3.1 著作物について」を参照》ですから、振り付けを真似ると複製になります。学校の公式ホームページなどに振り付けを真似た動画などをアップロードする場合は、「授業」にはあたりませんので、予め権利者に許諾を取ってから行った方が良いかもしれません。

表2のうち「上演権・演奏権」「上映権」「公衆送信権等」「口述権」「展示権」は、著作物を公衆に直接見せたり、聴かせたりする（この行為が表2で示す「公に」にあたります）権利です。権利者がこれらの権利を持っているためそれらの行為を無断でするなということです。公衆とは、著作権法では「不特定」または「特定多数」の人を指します（著作権法第2条第5項）。文化庁の「著作権なるほど質問箱」では、対象が1人でも公衆となる場合として、次のような例を挙げています。

　　　「上映」について言うと、1人しか入れない電話ボックス程度の大きさの箱の中でビデオを上映している場合、「1回に入れるのは1人だが、順番を待って100円払えば誰でも入れる」というときは「公衆向けに上映した」ことになります。

　一方、公衆にあたらない「特定少数」の例として「子どもたちが両親の前で劇をする」場合を挙げています。このような「特定少数」の場合は、著作権法の適用外になります。これらをまとめると、表3のようになります。教育場面で考えると、授業の履修者は特定多数になりますから、著作権法でいう公衆にあたると考えられますので、注意が必要です。

表3　公衆とは

	特　定	不特定
多　数	公　衆	公　衆
少　数	（著作権法の適用外）	公　衆

　「上演権・演奏権」は、著作物である作品を無断で上演・演奏するなということです。日本音楽著作権協会（JASRAC）が音楽教室での演奏に対して著作権料の徴収を決定したことを巡って、裁判になったのは記憶に新しいところです。この裁判の論点は、音楽教室での演奏が公衆に直接聞かせる目的で演奏することにあたるかという点で、2020年2月、JASRAC側が勝訴しました（第一審判決）[1]。音楽教室の個別レッスンは公衆にはあたらないように思えますが、本件について矢吹（2020）は次のように解説しています。

　　　音楽教室は、申し込みさえすれば、誰でもレッスンの受講が可能ですから、「不特定」となるわけです。「少数か多数か」という点も、一時点のレッスンの生徒数ではなく、音楽教室側が多くの生徒を抱えていること、生徒の入れ替わりも予定されていること等から「多数」にあたると判断されました。

　「上映権」は、著作物である作品を機器（映写機、パソコン、テレビなど）を用いて無断で公衆に上映（スクリーンなどに映す）するなということです。テレビ番組や映画などの動画だけではなく静止画も含まれます。ですから、スライドを使ったプレゼンテーションも上映にあたります。気をつけたいのは、授業でスライドを使うときです。プレゼンテーションを効果的に行うためにイラストや写真をスライドに挿入することがありますが、このとき、本来利用許諾が必要なイラストや写真をうっかり使ったりしていないでしょうか。フリー素材なども無料で使用できる数が制限されている場合がありますので、必ず利用条件を確認してから使うようにしましょう。
　オンライン授業で最も関連が深いのが「公衆送信権等」です。このうち「公衆送信権」は著作物を無断でインターネット上にアップロードしたり、放送したりするなということです。前述したように、オンライン授業で教材を教育機関のLMSにアップロードすると公衆送信とみなされますし（厳密にいうと送信可能化）、オンライン授業自体も公衆送信になります。ですから、オンライン授業の教材を作成するときには、公衆送信されるということを前提として進める必要があります。加えて、オンライン上にアップロード

された（公衆送信された）動画を授業で教員がパソコンから再生して履修者に見せると、それは「公の伝達」になります。これらの行為は、本来は権利者の許諾が必要です。しかし、学校が行う「授業」の範囲内であれば、特別に権利者への許諾を不要としたというのが、今回の著作権法第35条の改正のポイントなのです。ただし、利用にあたっては、著作者の権利を不当に害さないように配慮する必要があります。

「口述権」とは、言語の著作物を朗読などによって公衆に向けて無断で伝えるなということです。親が子どもに読み聞かせをする場合は特定の個人なので公衆にはあたりませんが、読み聞かせの会などは公衆にあたります。たとえば、読み聞かせの会が非営利目的で無料で行われたとしても、読み聞かせを行った人に謝金が支払われるような場合は、許諾が必要になります（これは、上演・演奏権、上映権も同様です）。

「展示権」とは、美術や未発表の写真のオリジナル作品を無断で公衆に展示するなということです。授業で絵を描いたり、習字を書いたりして展示するような場合がこれにあたります。写真の場合はオリジナルなのかコピーなのかがわかりにくいため「未発表の写真のオリジナル作品」と明記されています。これはオリジナル（原作品）に対する権利なので、複製品は対象になりません。

「譲渡権」とは、映画以外の著作物に適用される権利で、著作物の現作品、または、複製物を無断で譲渡により公衆に提供するなということです。たとえば、授業で教育に利用するために著作物の一部をコピーすることは「複製」にあたりますが、そのコピーを履修者に配布することは「譲渡」になります。前述した「改正著作権法第35条の運用指針」では、「譲渡」については特に明記されていませんが、著作権法第35条が定める学校教育機関が授業の過程において利用するのであれば、著作物の一部を履修者＋教員の数だけ「複製」し「譲渡」することが許容されていると考えることができます。著作物は一旦適法に譲渡されると、その後の譲渡には、譲渡権は及びません。読み終わった書籍などを買い取って販売する業者がありますが、このようなビジネスが成り立つのは譲渡権が消滅（「譲渡権の消尽」）しているからと言えます。

　「翻訳権・翻案権等」と「二次的著作物の利用に関する権利」は、二次的著作物に関する権利です。前述したように、原作をもとに新たな著作物を創作したものを「二次的著作物」と言います。「翻訳権・翻案権等」とは「二次的著作物」を無断で作成するなということです。たとえば、日本語で書かれた小説を英語などの他の言語に「翻訳」したり、マンガが原作の作品をアニメや映画などに「翻案」したりする場合は、権利者の許諾を得る必要があります。「二次的著作物の利用に関する権利」は二次的著作物の原著作物の著作者の権利を示したもので、次のように定められています。

　　　二次的著作物の原著作物の著作者は、当該二次的著作物の利用に関し、この款に規定する権利で当該二次的著作物の著作者が有するものと同一の種類の権利を専有する。（第28条）

　条文だけだとイメージしにくいので、具体的な例を考えてみましょう。映画「鬼滅の刃」が「千と千尋の神隠し」を抜いて、アニメーション映画歴代興行収入1位となりました（NHK NEWS WEB, 2020）。ご存知の通り、この映画はマンガ「鬼滅の刃」が原作になっています。マンガの原作者は吾峠呼世晴（ごとうげこよはる）氏なので、二次的著作物の原著作物の著作者として、二次的著作物であるアニメーション映画の著作者と同じ権利を持つことになります。

　以上、「著作物」「著作者」「著作権（著作財産権）」について概観しました。「著作権」は禁止権なので「あれもこれもダメなのか…」と意気消沈してしまった方もいるかもしれません。しかし、著作物に該当しないものや、著作権の保護期間が切れていてパブリック・ドメインになっているもの、また、クリエイティブ・コモンズ・ライセンス《➡「用語集」参照》といって、著作者が提示している条件のもとで権利者の許諾を得ることなく利用できるものもあります（Creative Commons Japan, 2021）。また、それ以外の著作物も、基本的に権利者の許諾を取れば利用することができます。では、次にどのように権利処理を行うのかを考えていきましょう。

4. 著作物の利用許諾申請について

　日本語教育では、生教材として新聞記事を利用して、自作教材を作ることがよくあると思います。前述したように、著作権法第35条が定める学校教育機関であれば、公衆送信となるオンライン授業であっても、権利者団体に補償金を支払うことで、個別に利用許諾を取ることなく、著作物が利用できることになりました《➡「1. はじめに」「2. 著作物の教育利用について」を参照》。しかし、日本語教育の場合、日本語学校の多くは著作権法第35条が定める学校教育機関にあたらないため、補償金の支払いは不要ですが、著作物の利用には許諾が必要です。ここでは新聞社への利用許諾を事例として考えてみましょう。

　Googleなどの検索ツールで「新聞社名　利用許諾申請」のようにキーワードを入れると、当該新聞社の利用許諾申請について記載されているサイトに移動できます。その記載に沿って、利用申請すればいいのです。申請書に利用方法などを具体的に記入し、利用したい記事のコピーなどを添えて、担当部署宛にメールで（あるいはWebサイト上から）申請します。すると、利用条件が示されたメールとともに、利用料の請求書が送られてきます。また、これらの権利処理は、教員個人が行うのではなく、学校単位で行うべき業務です。表4は、いわゆる五大紙の利用許諾申請サイトの一覧です。申請方法の最新情報は、それぞれのサイトで確認してください。

表4　五大紙の利用許諾申請サイト

新聞社	サイト名	URL
朝日新聞	朝日新聞の記事利用サービス	https://www.asahi.com/shimbun/chizai/
毎日新聞	著作物利用のご案内	https://www.mainichi.co.jp/database/usage_guide.html
読売新聞	記事・写真・動画の利用申し込みについて	https://www.yomiuri.co.jp/policy/application/article/
産経新聞	記事および写真のご利用について	https://www.sankei.jp/inquiry/use-text
日本経済新聞	日経の記事利用サービス	https://www.nikkei.com/promotion/service/share/

（2021年8月20日閲覧）

5. おわりに

　本節では、教育で著作物を利用するときの注意点について考えました。著作物の教育利用にあたり、権利処理が必要かどうかを考えるときのポイントは二つありました。第一に、それが著作物とみなされるかどうかです（図2, p. 124）。第二に、著作権法第35条が定める学校が、授業の過程で著作物を利用するかどうかです（図1, p. 122）。著作権法第35条が定める学校の対面授業であれば、一定の範囲内で複製が許容されていますし、オンライン授業であれば、学校が権利者団体に一括して授業目的公衆送信補償金を支払うことで、個別の権利処理は不要になりました。しかし、その場合も権利者の利益を損なうことがないように配慮する必要があります。オンライン授業が広く一般的に行われるようになり、急速に著作権への意識が高まりました。権利処理は個人事業主であるフリーランスの日本語教師を除くと、基本的に教育機関単位で取り組むべき業務ですが、日々の授業の中で著作物の利用に関して迷ったときは、教員も履修者も権利者の立場に立って考えてみることが著作権を遵守することのヒントにつながります。

<注>

1. ただし、第二審（2021年3月）では、第一審の判決を一部変更し、生徒の演奏には著作権が及ばないとする判断が示されている。

謝辞

　第3章の執筆にあたり、知的財産アナリストの我妻潤子氏（株式会社テイクオーバル）には、原稿のチェックや専門的知識の供与など、大変お世話になりました。本稿は我妻氏らとともにつくりあげてきた著作権セミナーでの体験がベースになっています。心から感謝申し上げます。

📖 参考文献

一般社団法人授業目的公衆送信補償金等管理協会（2020）「授業目的公衆送信補償金規程　令和 2 年 12 月 18 日認可」<https://sartras.or.jp/wp-content/uploads/hoshokinkitei.pdf>（2021 年 2 月 14 日閲覧）

NHK for School <https://www.nhk.or.jp/school/>（2021 年 2 月 14 日閲覧）

NHK NEWS WEB（2020 年 12 月 28 日）「映画「鬼滅の刃」興行収入歴代 1 位に「千と千尋」抜く」<https://www3.nhk.or.jp/news/html/20201228/k10012787991000.html>（2021 年 2 月 14 日閲覧）

Creative Commons Japan（2021）「クリエイティブ・コモンズ・ライセンスとは」<https://creativecommons.jp/licenses/>（2021 年 2 月 14 日閲覧）

スタジオジブリ（2020 年 12 月 18 日）「新しく、スタジオジブリ 5 作品の場面写真を追加提供致します」<https://www.ghibli.jp/info/013409/>（2021 年 2 月 14 日閲覧）

高橋薫・保坂敏子・宇治橋祐之・我妻潤子（2018）「日本語教員を対象とした著作権セミナーの試行と評価」『日本教育工学会論文誌』42 (suppl.), 129-132.

高林龍（2019）『標準　著作権法［第 4 版］』有斐閣

著作物の教育利用に関する関係者フォーラム（2020 年 12 月）「改正著作権法第 35 条運用指針　（令和 3（2021）年度版）」<https://forum.sartras.or.jp/wp-content/uploads/unyoshishin_20201221.pdf>（2021 年 2 月 14 日閲覧）

福井健策（2015）『18 歳の著作権入門』筑摩書房

文化庁「公衆」（著作権なるほど質問箱　関連用語）<https://pf.bunka.go.jp/chosaku/chosakuken/naruhodo/ref.asp>（2021 年 2 月 14 日閲覧）

文化庁「著作者の権利の内容について」<https://www.bunka.go.jp/seisaku/chosakuken/seidokaisetsu/gaiyo/kenrinaiyo.html>（2021 年 2 月 14 日閲覧）

矢吹遼子（2020 年 4 月 6 日）「JASRAC vs 音楽教室」（新日本法規　知的財産）<https://www.sn-hoki.co.jp/articles/article394094/>（2021 年 2 月 14 日閲覧）

著作権 Q & A

高橋薫

セミナーなどで筆者がよく受ける筆問についてまとめました。ここで取り上げる「学校」とは著作権法第35条が定める教育機関を指します。「日本語学校」の多くはこの条件にあてはまらないので、ここでは分けて取り上げます（本回答は著作物の教育利用に関する関係者フォーラム（2020）「改正著作権法第35条運用指針」（令和3（2021）年度版）に基づいています）。

Q1 Web上で公開されている新聞記事をダウンロードし、オンライン授業で画面共有してもいいですか。

A1 これは記事を自分のコンピューターにダウンロードしているので「複製」、オンライン授業で画面共有しているので「公衆送信」にあたります。著作権法第35条に定められた「学校」であって、授業目的公衆送信補償金（以下、「補償金」）を権利者団体であるSARTRASに支払っていれば、許諾を得ることなく使用することができます。ただし、「日本語学校」の多くは学校法人ではないことから、一般的には予備校などと同じ扱いとされ、著作権法第35条が定めた「学校」にあたりません。基本的に利用には、権利者に個別に許諾が必要になります（フリーランスの日本語教師も同様です）。ただし、Web上の記事の場合、URLを共有して学習者に各自のディバイスで見てもらえば、「日本語学校」でも利用することができます。

Q2 YouTubeにアップロードされた動画を、オンライン授業で画面共有してクラス全体で視聴してもいいですか。

A2 YouTubeにアップロードされた動画を視聴する場合は、自分のコン

ピューター（受信装置）には保存していないので「複製」にはあたりません。YouTubeで「公衆送信」されるものをコンピューターを用いて「公に伝達」することになります《➡「2. 著作物の教育利用について」を参照》。この場合、「学校」であれば、許諾を得ることなく使用することができます。ただし、視聴する動画は違法にアップロードされたものでないことが前提です。また、オンライン授業で画面共有してクラス全体で視聴する場合、著作物のすべてを視聴するのは望ましくないと考えられています。とは言え、日本文化科目などでYouTubeに公式にアップロードされたアニメを1話全部見せたいという場合もあるかと思います。そのような場合は、動画のURLを共有し、授業外で視聴してもらったり、あるいは「これから20分間はアニメ視聴タイムにするので20分後に戻ってきてください」というように、授業内で個別に視聴してもらうことは可能です。URLであれば「思想又は感情を創作的に表現」した著作物にはあたりませんので、共有しても問題ありません。この方法なら「日本語学校」でも利用することができます。

Q3 クリエイティブ・コモンズ・ライセンス（以下、CCライセンス）が付与された動画を、編集ソフトで加工してリスニングなどの問題を作り、YouTubeにアップロードしてオンライン授業で視聴させてもいいですか。

A3 著作物にCCライセンスが付与されていれば、著作者が提示している条件のもとで、許諾を得ることなく使用する（「複製」）ことができます《➡「3.3 著作権について」を参照》。この場合は動画を編集してリスニング問題を作るので、著作物の「改変」にあたると考えられます。もとの著作物に「改変禁止」のマークがなければ、「改変」が認められているので大丈夫ですが、「改変禁止」のマークがあればもとの動画を編集することはできません。その場合は「改変」せずに、そのまま動画を部分的に視聴させると良いと思います。

Q4 海外から受講する学習者は教科書が手に入らないので、教科書を授業のたびにPDFにして渡してもいいですか。

A4　教科書を PDF 化することは「複製」にあたり、学習者に配布するために教育機関のサーバーにアップロードすると、それは「公衆送信」とみなされます。「学校」が SARTRAS に「補償金」を支払っていれば、許諾を得ることなく利用できますが、それはあくまでも著作物の一部である必要があります。授業のたびに各部分を「複製」し、それを「公衆送信」していたら、それはもはや著作物の一部ではなくなってしまいますから、権利者の利益を不当に害することになります《➡詳しくは「2. 著作物の教育利用について」を参照》。最近は電子書籍化している教科書もあるので、海外からでも利用できる教科書を検討するというのも一つの解決策かと思います。

Q5 学習者がアニメのキャラクターの入ったプレゼンテーション資料を LMS にアップロードしました。履修者しか見られない LMS なので問題ありませんか。

A5　「学校」が「補償金」を支払っていれば、問題ないと思います。ただし、あくまでも「授業」での利用です。授業外での利用は対象外なのでご注意ください《➡「2. 著作物の教育利用について」を参照》。

Q6 教員だけが持っている聴解教材の音源をオンライン授業で流してもいいですか。

A6　聴解教材の音源を流すことは、対面授業の場合「口述」または「上演」にあたり《➡「3.3 著作権について」を参照》、オンライン授業の場合は「公衆送信」にあたります。「学校」が「補償金」を支払っていれば、問題ないと思います。ただし、**A4.** に示したように、結果的に著作物全体を利用すること（以下、全部利用）にならないようにご注意ください。「日本語学校」の場合は、対面授業で聴解教材の音源を流すことは問題ありませんが、オンライン授業は「公衆送信」にあたるので権利者からの許諾が必要になります。

Q7 教員が購入した DVD をその後にタスクをさせることを目的に、オンライン授業で画面共有で見せてもいいですか。

A7　対面授業で DVD を見せることは「上映」、オンライン授業では「公衆

送信」にあたります。その後にタスクを行うという明確な教育の目的があり（利用する必然性）、かつ、「学校」が「補償金」を支払っていれば、問題ないと思います（日本語学校の場合は、**A6.**と同じです）。ただし、**A4.**に示したように、結果的に全部利用にならないようにご注意ください。

Q8 J-Popなどの音楽をオンライン授業中にPCから流してもいいですか。

A8 対面授業で音楽を流すことは「演奏」《➡「3.3 著作権について」を参照》、オンライン授業では「公衆送信」にあたります。授業の目的上、J-Popを流す必然性があり、「学校」が「補償金」を支払っていれば、音楽の一部を流すことは問題ないと思います（日本語学校の場合は、**A6.**と同じです）。ただし、**A4.**に示したように、結果的に全部利用にならないようにご注意ください。

Q9 教員が録画したテレビ番組の一部をオンライン授業で画面共有で見せてもいいですか。可能な場合、期限を決めてLMS上で学習者が自由に閲覧できる状態にしてもいいですか。

A9 テレビ番組の録画は「複製」、オンライン授業は「公衆送信」にあたります。「学校」が「補償金」を支払っていれば、テレビ番組の一部を視聴することは問題ないと思います。また、授業の予習・復習のために一定期間LMSで閲覧できるようにしても構いませんが、その場合はストリーミング配信（ダウンロードできない）にしてください（日本語学校の場合は、**A6.**と同じです）。

Q & A まとめ

No.	内容	該当する著作権		備考
Q1	Web 上で公開されている新聞記事をダウンロードし、オンライン授業で画面共有してもいいですか。	複製	公衆送信	
Q2	YouTube にアップロードされた動画を、オンライン授業で画面共有してクラス全体で視聴してもいいですか。	公の伝達（公衆送信）		全部利用要注意
Q3	クリエイティブ・コモンズ・ライセンス（以下、CC ライセンス）が付与された動画を、編集ソフトで加工してリスニングなどの問題を作り、YouTube にアップロードしてオンライン授業で視聴させてもいいですか。	複製	改変（同一性保持・二次的著作物の作成）	公衆送信
Q4	海外から受講する学習者は教科書が手に入らないので、教科書を授業のたびに PDF にして渡してもいいですか。	複製	公衆送信	全部利用要注意
Q5	学習者がアニメのキャラクターの入ったプレゼンテーション資料を LMS にアップロードしました。履修者しか見られない LMS なので問題ありませんか。	複製	公衆送信	
Q6	教員だけが持っている聴解教材の音源をオンライン授業で流してもいいですか。	口述権・上演権（対面授業）	公衆送信	全部利用要注意
Q7	教員が購入した DVD をその後にタスクをさせることを目的に、オンライン授業で画面共有で見せてもいいですか。	上映権（対面授業）	公衆送信	全部利用要注意
Q8	J-Pop などの音楽をオンライン授業中に PC から流してもいいですか。	演奏権（対面授業）	公衆送信	全部利用要注意
Q9	教員が録画したテレビ番組の一部をオンライン授業で画面共有で見せてもいいですか。可能な場合、期限を決めて LMS 上で学習者が自由に閲覧できる状態にしてもいいですか。	複製	公衆送信	全部利用要注意

「学校」	「日本語学校」等	アドバイス
学校が補償金を支払っていればOK	許諾が必要	新聞著作権協議会の利用
有償・無許諾で利用可能	許諾が必要	URL の共有は許諾不要
CC ライセンスに「改変禁止」のマークがなければ OK		
学校が補償金を支払っていても、全部利用になる場合は別途権利者からの許諾が必要	許諾が必要	電子書籍の利用
学校が補償金を支払っていればOK、ただし「授業」での利用限定	許諾が必要	
学校が補償金を支払っていればOK（全部利用になる場合は別途権利者からの許諾が必要）	対面では OK だが、オンライン授業は許諾が必要	
学校が補償金を支払っていればOK（ただし、教育利用の目的を明確にすること。全部利用になる場合は別途権利者からの許諾が必要。）	対面では OK だが、オンライン授業は許諾が必要	
学校が補償金を支払っていればOK（ただし、教育利用の目的を明確にすること。全部利用になる場合は別途権利者からの許諾が必要。）	対面では OK だが、オンライン授業は許諾が必要	
学校が補償金を支払っていればOK（ただし、教育利用の目的を明確にすること。全部利用になる場合は別途権利者からの許諾が必要。）	対面では OK だが、オンライン授業は許諾が必要	

第4章

立体的な授業づくりに向けて

第 1 節　日本語教育におけるオンライン授業

　ここまでオンライン授業の概要、教育実践、著作権について見てきました。本節では、オンライン授業に対する思い込み、対面授業とオンライン授業の学習経験の違い、オンライン授業によって見えてきた評価について考えていきたいと思います。なぜなら結局は、オンライン授業によって何が変わるのか、という点について考えを深めていくことが、教師である私たちがどうあるべきかを考えるきっかけになるからです。

1.　オンライン授業は大変？

　第2章の実践で見たように、試行錯誤しながらも積極的にオンライン授業に取り組んでいる先生方もいれば、何とか乗り切っているという先生方もいらっしゃると思います。そのような先生方からは「オンライン授業は難しい」「オンライン授業は大変」という声を非常に多く聞きます。この「オンライン授業は大変」という言葉にはいろいろな気持ちが含まれているかと思いますが、おそらく多くの先生方の「オンライン授業は大変」という言葉の裏には、「授業は対面で行うべきもの」という固定化された考えがあり、「特殊な形態であるオンライン授業は、本来あるべき姿である対面授業よりも大変」という気持ちが少なからず含まれていると推察します。しかし、そもそも授業は「対面授業」VS「オンライン授業」という二つの授業形態の対立ではなく、多様な形態があるものではないでしょうか。

　「オンライン授業」という言葉が日常的に使用される少し前の2010年頃から、一部の教育関係者の間で「ブレンディッドラーニング」《➡「用語集」参

照》という言葉が聞かれるようになりました。「ブレンディッドラーニング」とは、すべての学習を学校などの授業で完結させるのではなく、一部をオンライン学習にして、学習者自身が時間、場所、方法、授業の進度について管理する形式を組み合わせた学習形態です。つまり、「対面授業」と「オンライン授業」という二項対立から脱した第三の学習形態です。

さらに「ブレンディッドラーニング」という学習形態に加え、最近では対面授業にカメラ・マイクを持ち込み、同期オンラインと結ぶことで、どの授業形態（場合によっては録画した非同期オンラインも含む）で授業を受けるかを学習者が選べる「ハイフレックス型授業」《➡「用語集」参照》という形態も取り入れられ始めています。このように考えると、「対面授業」と「オンライン授業」という二つの学習形態だけが存在するのではなく、教師の創意工夫で多様な学習形態を作り出していくことが可能だとわかります。つまり、「オンライン授業だから大変」ということではなく、もしかしたら自分自身の固定化した授業づくり観によって、大変な授業を自分自身が生み出してしまっているのかも知れません。ただし、新しい授業を作ったり、そのための学習環境の準備をするのはとても大変なことですから、「大変だ」と思うことは決して悪いことではありません。授業が大変だなと思う日々が続くことをきっかけに、「何が授業を大変にしてしまっているのかな」と自分自身の授業づくりを振り返ってみることがとても大切です。

2. 対面授業／オンライン授業が生み出す学習経験の違い

対面授業、オンライン授業、ブレンディッドラーニング、ハイフレックス型授業など、工夫次第ではさまざまな学習形態を生み出していくことができます。ただ、さまざまな学習形態のパターンだけを考えていては、とてももったいないことになります。一つの授業を考えてみましょう。「オンライン授業は対面よりも大変」という声を先ほど取り上げましたが、この声には「対面だと○○できるけれど、オンラインだと○○できない」のように、対面ではほとんど意識もせずにできていたことが、オンラインだとさまざまな

制約により実現が難しくなり、その結果ストレスがたまり、上記のような言葉につながっていったのだと思います。「対面授業からオンライン授業への切り替え」という言葉だけを見ていると、パチっとスイッチが切り替わるように、対面授業で行っていたものがオンライン授業に置き換わるようなイメージを持ってしまうかもしれません。しかし、これが「オンライン授業への切り替え」という言葉の大きな落とし穴です。対面授業とは「対面」という学習環境を最大限活かして成立する授業がデザインされたものです。ですから、対面授業を「オンライン」に単純に置き換えただけではうまくいかないのは当然のことです。であれば、オンライン授業は「オンライン」という学習環境だからこそ最も成立する授業のデザインを追求していく必要があります。

　学習内容を考慮し、対面／オンラインの学習環境だからこそ最も成立する授業のデザインを追求していくことは、対面／オンラインの学習環境で何ができるかを振り返るきっかけとなり、それらはさまざまな学習環境（またはその組み合わせ）で授業を行うときにも「授業を立体的にする」《⇔第1章参照》アイディアの種となります。しかし、学習内容を考慮し、それぞれの学習環境だからこそ最も成立する授業のデザインを追求していくというのは、まさに「言うは易く行うは難し」です。この追求を深めていくためには、まず対面授業、オンライン授業が得意とする特徴を理解していく必要があります。対面授業が得意として、オンライン授業が苦手とすることは何でしょうか。それは「触れて感知できる実体があること」です。このことをIshii(1997)はタンジブル（Tangible）と呼んでいますが、対面授業では、この直接的な人との接触が最大の利点となります。そこに学習者と教師が「実在」することで、学習者が雑談を含め、他の学習者や教師にすぐに話しかけることができます。また、その場にいる全員の全身の姿が見えていることから、活動や思考のプロセス（書いたり消したりなども）、非言語行動を含むさまざまな情報を得ることができます。これにより教師が学習者の様子を感じ取ることができるだけでなく、学習者同士もクラスメートの動きから理解の確認などさまざまな情報を得ることができ、心理的な安心感にもつながります。一方で、オンライン授業が得意として対面授業が苦手とすることもあ

ります。それは「学びの時間の効率化」です。まずは学びの場（多くの場合
が教育機関など）に通う必要がないため、通学時間を学びの時間に充てる
ことができます。また、授業内においてもペアやグループ活動を行う際、対面
授業であればペア／グループを指定し、そのペア／グループごとに教室の一
部に集まってもらい、そこでやっと活動の準備が整います。その点、Zoom
などのWeb会議システムを使用したオンライン授業であれば、ブレイクア
ウトルーム《➡「用語集」参照》のような機能を利用することで、ボタン一つ
で活動の準備を整えることができます。非同期であれば、ペア／グループの
メンバー間で時間調整が可能となるため、より時間に縛られない柔軟な学び
の時間を確保することができる他、講義動画を配信することなどで、さらに
時間を効率的に活用することができるようになります。

　このような点を考えると、それぞれの授業にはそれぞれの特徴があり、一
方の学習経験が勝っているなどと比べられるものではないことや、対面授業
／オンライン授業でしか特定の学習経験は得ることができないということで
はない（ただし、おすすめしない理由について次項でお話しします）ことも
わかるかと思います。つまり、それぞれが生み出しやすい学習経験には異な
りがあり、その特性を理解した上で自身がデザインしようとしている授業は
何を目的とした授業なのかを振り返り、目の前の学習者に合わせた授業のデ
ザインを追求していくことが大切なのです。

3. オンライン授業における評価の顕在化

　自分が行おうとしている授業は何を目的とした授業なのかを考えていく上
で、ヒントとなるのがウィギンズ・マクタイ（2012）の「逆向き設計」
（backward design）です。「逆向き設計」では、①求められる学習成果を見
定める、②評価の方法・根拠を決める、③授業の仕方と学習の進め方を計画
する（溝上2014）というゴールから逆向きのステップで一つ一つの授業づ
くりを考えていきます。第1ステップでは何を目的とした授業なのか、つま
り授業を通して身につけることが期待される学習成果とは何かを考えます。
そして第2ステップでは、第1ステップで明確にした授業を通して身につけ

ることが期待される学習成果を評価する方法、理解したと判断する根拠を考えていきます。ここで大切なのは、学習成果が得られたかを確認する方法を柔軟に考えることです。日本語教師は教案を作る練習などを重ねてきた方も多いでしょうから、無意識に授業の活動を考えることに頭が向いてしまいます。この評価と活動設計の違いをウィギンズ・マクタイ（2012）は表1のように示しています。

表1　評価について考える2つのアプローチ

(ウィギンズ・マクタイ（2012: 183）から一部抜粋)

評価者のように考えているとき、私たちは次のように問う。	活動設計者として(のみ)考えているとき、私たちは次のように問う。
・理解の証拠としては、どのようなものが十分であり、理解を明らかにしてくれるものだろうか。	・このトピックについて、楽しくて興味深い活動は何だろうか？
・第1段階で求められている結果からいって、さまざまな種類の証拠として、どのようなものが必要だろうか？	・教えた内容にもとづいて、どのようなテストを与えるべきだろうか？
・評価方法は、本当に理解した人と理解したように見えたにすぎなかった人とを明らかにし、区別しただろうか？学習者の間違いの背後にある理由が、はっきり見えているだろうか？	・活動はどの程度うまくいっただろうか？ ・生徒のテストの出来はどうだっただろうか？

　この二つのアプローチの違いから見えてくるのは、対面授業であってもオンライン授業であっても評価の方法は変わらないということです。ただし、前項でも述べたように対面授業かオンライン授業かという学習形態によって生み出しやすい学習経験は異なります。そのため、評価の方法に合わせて、どのような学習経験が必要なのか、そのためにはどのような学習形態を選ぶ必要があるのかを考える、まさに逆向きの設計が必要となります。これが対面授業に向いている学習経験をオンライン授業で目指したり、オンライン授

業に向いている学習経験を対面授業で目指したりしたりすることをおすすめしない理由です。

　先ほど、対面授業であってもオンライン授業であっても評価の方法は変わらないと述べましたが、それでも「本当にそう？」と思っている方も多いのではないかと思います。それはオンライン授業をしている自分を想像したとき、何となく評価の観点が変わっているような感覚があるからではないでしょうか。このような感覚がある方々はオンライン授業にも少しずつ慣れ、オンライン授業という選択肢が頭にあり、それを活用した授業というものも描けるようになってきているのではないかと思います。ある程度、オンライン授業というものが自分の中で定着してくると、今度はオンライン授業という学習形態が評価の観点を突きつけてくるようになります。このような考え方は、ギブソン（1985）がアフォーダンス（affordance）《➡「用語集」参照》という概念で説明しています。ドアにドアノブが付いていると、横に引いてドアを開けようとする人はあまりいないはずです。アフォーダンスでは、ドアノブという環境が「これは回して押す／引くものだ」と人間の認知を制限していると捉えます。このように、アフォーダンスとは人間が考えて判断しているものではなく、環境が持っている性質によって人間の認知を制限し提供してくる情報のことを指します。つまり、評価の方法としては従来と変化はないのですが、オンライン授業という学習形態になることによって、今まで特段意識してこなかったものが見えてきて、それらの側面に目をつぶることが難しくなっていくのです。その結果、学習の目的・評価・活動の一貫性を再度振り返り、そこに広がりが生まれ、ある評価の観点の価値がこれまでとは変化し、オンライン授業と対面授業では評価の観点が変わっていくのだと思います。その意味では、評価は教師がデザインした授業の目的・評価・活動と、学習形態という環境から提供される評価の観点の相互作用によって生まれていると言えます。

　しかし、忘れてはならないのはオンライン授業だから評価の観点が変わったのではなく、評価の方法をデザインした結果、オンライン授業の際に何を評価すべきなのかが顕在化し、評価の観点の価値の再定義が突きつけられたということです。そのため、目的を持って評価の観点を設定し、オンライン

授業を選択したというものでなければ、学習内容は同じであるのに学習形態によって都合良く教師が評価を変えているにすぎないのです。この点は、社会的状況によりオンライン授業しか選択肢がない場合には現実的に考えていくことがなかなか難しいですが、このような点について考えている授業と考えていない授業での学びの質は大きく異なるのではないかと思います。

4. オンライン授業を通して、何を考えるか

　本書の冒頭にも述べましたように、近年、社会的状況の変化に対応するために急遽、オンライン授業と向き合う必要性が出てきた先生方が非常に多くいらっしゃることと思います。この経験を日本語教師が不遇の時代の体験として終わらせるのではなく、未来の授業に活かしていくにはどうすれば良いのでしょうか。すでにオンライン授業で苦しんできた先生方は、オンライン授業を活用することで少なからず対面授業では生み出しにくかった学習経験を学習者に提供できるようになっていることと思います。しかし、その一方で教師の仕事がより難しくなっていると感じている方も多いと思います。それは、自分が教師になる前には習ったこともないスキルが求められるようになっているからです。コリンズ・ハルバーソン（2012）は授業にICTを活用していく際に感じる課題について、以下のように述べています。

　　教室でコンピュータを使おうとすると、教師は教材を準備するのに余分な時間を費やし、生徒の学習状況を把握するために従来行ってきた方略は使えなくなります。斬新なカリキュラムは、教師の専門性に負担をかけるだけでなく、まだ試みていないアイデアを、たいていの場合あまり気の乗らない生徒に対して、教師は実施せざる得なくなるのです。（中略）コンピュータを頻繁に使うことになれば、教師たちは、教室という舞台の中央の位置を手放さなければならないでしょう。多くの教師が、かつて指導されたようにすること——つまり、みずからの専門性を生徒に伝えること——をしていないと感じてしまうのです。教師のコントロールを教師があきらめることを、職務怠慢だと感じさせるような制

度的、専門的なプレッシャーが強く存在します。

（コリンズ・ハルバーソン 2012: 57-58）

このコリンズ・ハルバーソン（2012）が挙げた課題以外にも、学習者とのやりとりが非同期でのやりとりだけになると教師である自分が何もしていないような気持ちになったり、オンライン授業中に学習者が見つけてくるインターネット上にある膨大な情報によって、自分の専門性がなくなってしまったような感覚を味わったりすることもあるのではないでしょうか。

現在のオンライン授業に限らず、ICTを活用した授業づくりを進めていこうとする際に、従来行われてきた対面授業の形態との異なりから、同じような課題が挙がってきます。それだけ新しい方法に切り替えようとする際には、既存の形が比較対象となり、既存の形に戻そうとする内的・外的な力が大きく働きます。この既存の形に戻そうとする力の大きな要因は、既存の方法でもICTを導入した教育と同じ成果を挙げられると考えている点にあります。

しかし、それは事実でしょうか。対面授業とオンライン授業では生み出しやすい学習経験が異なることを述べましたが、対面授業とオンライン授業だけでなくあらゆる学習形態によって学習経験に異なりが生じます。つまり、それぞれの学習形態による学習経験が違うとすれば、それぞれの学習形態によって教師の授業に対する捉え方も当然、変化させていく必要があります。そして、教師がオンライン授業で経験したことを活用して、既存の授業に対する捉え方を変えるということは、既存の授業では十分ではない能力を学習者に身につけさせようと考えているということです。

オンライン授業を通して、私たちは学習者にどのような新しい能力を身につけさせようとしているのでしょうか。そして、そのような教育をする教師はどのようなことを考えなければならないのでしょうか。近年、教師は「案内役」や「ファシリテーター（調整役）」などさまざまな役割を担う者であると言われています。しかし、教師の役割というのはその役割を自分で意識するだけで担えるものではないですし、教師といっても、人間である限り簡単に変容していけるわけでもありません。自身の経験を次の授業づくりに活

かしていく際には、教師はさまざまな視点で物事を捉え、考え、その行動を振り返っていかなければなりません。では、ICTとうまく付き合っていく教師には、どのような視点や考え方が必要なのでしょうか。次節では、これからの日本語教師に必要となるICTリテラシーについて考えてみたいと思います。

📖 参考文献

ウィギンズ, G.・マクタイ, J.（2012）『理解をもたらすカリキュラム設計──「逆向き設計」の理論と方法──』（西岡加名恵訳）日本標準

ギブソン, J. J.（1985）『生態学的視覚論──ヒトの知覚世界を探る──』（古崎敬・古崎愛子・辻敬一郎・村瀬旻共訳）サイエンス社

コリンズ, A.・ハルバーソン, R.（2012）『デジタル社会の学びのかたち──教育とテクノロジの再考──』（稲垣忠編訳）北大路書房

溝上慎一（2014）『アクティブラーニングと教授学習パラダイムの転換』東信堂

Ishii, H. & Ullmer, B. (1997) "Tangible Bits: Towards seamless interfaces between people, Bits and Atoms," in Proceedings of Conference on Human Factors in Computing Systems (CHI '97), Atlanta, March 1997), ACM Press, pp. 234-241.

第 2 節　日本語教師と ICT リテラシー

1.　日本語教師の ICT リテラシー

　ICT を授業に取り入れる理由は何でしょうか。この問いに明確に答えられる教師は思いの他多くありません。「ICT が好きだから」、「便利そうだから」、「他の先生も使っているから」などでしょうか。では、その ICT 利用は誰の利益となるものでしょうか。学習者でしょうか、それとも教師でしょうか。自分が使う ICT についてしっかりと理解した上で選択し、そして説明ができること、この能力がこれからの時代の日本語教師には求められます。すなわち ICT リテラシーです。本節では、日本語教師の ICT リテラシーとは何かについて考えて、どうしたら ICT リテラシーを向上させることができるかについて提案をしていきたいと思います。

　「ICT リテラシーが高い日本語教師」と聞くと、皆さんはどのような人を頭に思い浮かべるでしょうか？　デジタル機器について詳しい人、たくさんの学習サイトやアプリを知っている人などでしょうか。このようなタイプの教師は次の図（Yamada, 2020）で左上に位置します。

ICT が好きで 得意な教師	ICT が好きだけど 得意ではない教師
ICT が好きではないが、 得意な教師	ICT が好きではなく、 得意でもない教師

図 1　ICT と日本語教師の関係について

　確かに機器やその操作について詳しかったり、たくさんの学習サイトやアプリについて知識を持っていることも大切なICTリテラシーの一つだとは思います。だからといって、図1の右下に位置する「ICTが好きではなく、得意でもない」先生方がこれからの時代に教師として淘汰されるのかというと、決してそのようなことはないと断言できます。なぜなら、好きではなく得意でもないけれど、豊福（2016）が言うように、ICTを道具として目的に合わせて使いこなしていけるようになれば良いからです。ただ、ここが難しい点でもあります。ICTに対して苦手意識を持っている教師は、ICTリテラシーについて学ぼうにも何から始めて良いかわからないからです。そこで本節では、ICTリテラシーを体系的に学んでいくための教師の姿勢について考えてみたいと思います。そのため、まずICTリテラシーの性質について定義づけを試みます。次いで、目的に沿って道具（ICT）を選ぶことの重要性について説明し、将来への展望を示していきます。

1.1　ICTリテラシーの分類

　まず、日本語教師が習得すべきICTリテラシーを性質の違いから大きく二つに分けて、習得の道筋を考えてみたいと思います。日本語教師が習得すべきICTリテラシーにはどのようなものがあるのかということについて私（山田）は聞き取り調査とアンケート調査をもとに今日まで検討してきていますが、その過程で、ICTリテラシーには性質の違う二つのものが含まれているのではということに気が付きました。たとえば、Wordでフォントサイズを変更するという作業と、自分が教えているクラスの学習者が自習で使えるWebサイトを探し出す能力は、広い枠組みではICTの活用に収まりますが、性質が異なる気がしませんか。同様に、Googleフォームで選択式の練習問題を作ることと、教師の採点作業を軽減してくれるWebサイトやアプリを探し出す能力は、異なるはずです。つまり、前者がICTの操作を覚えることで対応できるものであるのに対し、後者は自分の教育現場の文脈と照らした上でICT活用を考えて選択する必要性が出てきます。言い換えると、前者は書籍や研修会、YouTubeなどで模倣して習うことができますが、後者は媒体

を通して習うことが難しいのです。

ブルーム他（1971）は教育活動のゴールを整理するという目標のもと、目標分類学（Taxonomy: タキソノミー）という概念を提唱しました。この概念では、教育の目標が「認知・情意・精神運動領域」の三つに分けられています。簡単に言うと「あたま・こころ・からだ」となると市川・根本編（2016: 164）では説明しています。この三つの分類は向後（2015）が述べるインストラクショナルデザイン《➡「用語集」参照》の応用領域とも対応しています。向後（2015）は「教える」という行為を性質の違いから次の3段階に分けて考えています。

1）知覚運動系の訓練
2）認知的能力の訓練
3）態度の育成

ブルームの目標分類学、向後のインストラクショナルデザインの応用領域の考え方を踏まえると、日本語教師のICTリテラシーも反復動作としてからだで覚えるものと、自分の頭で考えるものの二つに分けられると私は考えています。

前者は、パソコンやタブレット型端末、デジタル機器、Office系ソフトなどの使い方そのものに関するもので、技術的変化の速度がそれほど速くないことと、教師個々によって習得する事柄が大きく異ならないため、書籍や研修会などの媒介を通して身につけやすいです。すなわち、ICT機器類の操作スキルと分類できるため、「静的」なものとして捉えることができます。

これに対して、どんなWebサービスやアプリがあるかについて調べたり、ICTを使って何をするかを考えたりといった態度や姿勢に関するものは「動的」なものとして考えることができます。すなわち定点として捉えにくく、時代や対象者によって形が変わるものだからです。

上述のように、ICTを性質の違いから分類したものに稲垣（2018）があります。稲垣は、情報活用能力の習得の難しさの理由について次のように述べています（稲垣2018: 110-111）。

　情報技術やそれによる社会の変化は激しく、12年間通用する定義を策定することは難しい。とはいえ、数年単位で変わっていては、学校教育として体系的に育成することも難しくなる。普遍的なものは何か、時代に応じて変動する要素は何か、を整理する必要がある。

　稲垣が重要視していることは、情報活用能力というものを生徒に教える際に、技術革新の流動性を考慮に入れる必要性があるということです。加えて、情報活用能力の習得のためには、普遍的なものと変動的なものに分けて習得するのが望ましいと提唱しています。具体的には、「情報を集め、信頼性を吟味し、整理・分析し、自分の考えをまとめ、発信するといった探求的な学び」（p. 111）が普遍的なもので、ICTの操作スキルや情報モラルは変動的なものとして分類しています。このようにICTリテラシーを漠然と捉えるのではなく、社会の変化を考慮に入れて考えることも重要です。

　ここまで、ICTリテラシーの性質について分けて考えることの重要性について述べてきました。要点を整理します。

1) ICTリテラシーは、その中に含まれるものの性質によって「静的スキル」と「動的スキル」の二つに分けて考えるのが良い。
2) 静的スキル：パソコンやタブレット型端末、デジタル機器、Office系ソフト、Webブラウザなどの使い方そのものに関するスキル。ICT機器操作スキルとも言える。
3) 動的スキル：Webサービスやアプリについて調べたり、ICTを使って何をするかを自律的に考えられるスキル。

　上記の三つに加え、一般的なICTリテラシーの考え方[1]を踏まえて、本書では、日本語教師のICTリテラシーを次のように定義します。

　ICT機器、Webサービスの操作について理解し、必要な情報のありかを把握した上で、対象者・学習目標・場面に応じて使用するICTを選択していける能力。

　この ICT リテラシーを向上させていくことが、これからの日本語教師に
とって重要となってきますが、一般的に知覚運動系の訓練である静的スキル
の習得の方が易しいです。本書では、現時点で必要とされる日本語教師の
ICT リテラシー、特に静的スキルについて CanDo リスト形式[2]で整理したの
で、ぜひ参考にしてみてください《➡「ICT リテラシー CanDo リスト」参照》。
このリストを見て、今の自分には何ができて、何がこれから学ぶ必要がある
かを考えてみるのも良いかもしれません。

　ここまで ICT リテラシーの分類について考えてきましたが、疑問も残りま
す。それは、いったいどうやって ICT リテラシーを伸ばせば良いのかという
ことです。実はこれについては私たち（編者）も明確な答えを持ち合わせて
いません。ですが、私たちがこれまでに考えてきたことを踏まえて、本書の
最後に ICT リテラシーの育成方法について具体的な提案をしたいと思いま
す。

1.2　ICT リテラシーの育成方法―キュレーション―

　私たちの考える ICT リテラシーの育成方法として、一つ考えられるのが
「キュレーション」による訓練です。キュレーションとは、もともと「情報
を集めて整理すること、あるいは収集した情報を特定のテーマに沿って編集
すること」を意味します。芸術の分野でよく使われるので聞いたことがある
かもしれません。このキュレーションと日本語教師、そして ICT を掛け合わ
せた「ICT キュレーション」を私たちは次のように定義します。

　　　現存する Web サービス、コンテンツ、そしてスマホアプリなどのデ
　ジタルリソースを学習状況や学習者のニーズ・レベルを考慮した上で見
　つけ出し、適切な形で組み合わせて授業に組み込むこと。

　いわずもがな、この ICT キュレーションには静的スキルと動的スキルの両
方が含まれています。たとえば、練習問題を PowerPoint で作って提示する
という活動を担保しているのは、パソコンの操作ができることが前提であ

り、かつ学習者のニーズ、レベル、個人要因などを考慮に入れる必要があるからです。

　ただし、静的スキルである「ICT機器操作」ばかりを訓練していては、習得した技術が時間とともに古くなってしまうことが予想されます。その点、静的なものに加えて、ICTキュレーションを磨いていけば、社会の変化とともに教師自身もアップデートできるため、これからの教師にとってはこのような姿勢、態度を時間をかけて育むことが必要となってきます。

　ここまでお読みになって、ICTキュレーションって結局、何？と思われた読者もいらっしゃるかもしれません。次項では、ICTキュレーションを磨いていくためには、どのような視点と意識を持つことが重要かについて一歩踏み込んで説明します。

2.　問題解決志向で考える

　悩みが解決されたとき、「前からこうすればいいことは何となくわかってたんだけどね……」という経験をしたことはないでしょうか。解決策が示されていても、これが解決策だということを意識しなければ、同じ情報であってもその意味を理解することは難しいことを、上記の経験は示しています。この点について、Perfetto他（1983）では、問題解決への情報は明示的に示されなければ、自発的には想起されにくいということを述べています。現在、非常に多くのデジタルなもの、すなわちデジタルリソースの情報が私たちの身の回りにはあふれていますが、デジタルリソースをたくさん知っているということは「知っている」という単なる事実であり、その事実を目的にした事実志向はあまり意味がない、ということになります。この事実志向の考え方になってしまっているときの質問として「何かいいサイト、アプリはありませんか」というものがあります。誰かにとっていいサイト、アプリが存在していたとしても、それが自分自身の現場でも役に立つ教育リソースになるという保証はまったくありません。さらに言えば、リソース自体が学習者の学びを達成させてくれるわけではありませんし、授業もリソースを中心にデザインするものでもありません。山内（2020）も「技術そのものより

も、技術を用いる教師やファシリテータ、学習者などの人的・組織的要因や学習活動の要因の方が強力であり、技術を用いれば自動的に革新が起きるわけではない」（p. 236）と述べています。では、どのように考えていかなければならないのでしょうか。

　まず事実として、学習者がどのような問題を抱えているのかを集めていくことが大切です。けれども、これは先に述べた事実志向が、デジタルリソースの話から学習者が抱えている問題の話になっただけで、学習者がどのような問題を抱えているかを「知っている」という事実志向で止まっています。そこで次のステップとして、学習者にとって現在の学習は「何が不十分で、学習者自身は何を欲していて、何を強化しなければならないのか」を把握します。つまり、その問題を「理解している」ことが求められます。これを理解していなければ、デジタルリソースを取り入れるという判断自体も正しいものであるかどうかが判断できません。そして問題が明らかとなってきたのならば、次にデジタルリソースを使用するべきなのか、使用するのであれば、そのリソースに問題解決の手段として何を求めているのかを考えていきます。このように、学習者が抱える課題の根本の問題解決を目的とした問題解決志向の考え方をしていくことが大切です（図2）。

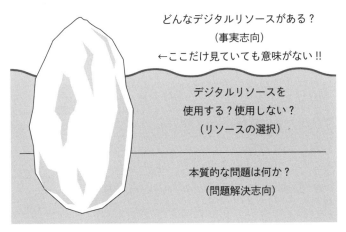

どんなデジタルリソースがある？
（事実志向）
←ここだけ見ていても意味がない!!

デジタルリソースを
使用する？使用しない？
（リソースの選択）

本質的な問題は何か？
（問題解決志向）

図2　事実志向と問題解決志向

つまり、問題解決志向とは、次のように定義できます。

> 学習者が抱えている問題についての情報を集め、その情報から本質的な部分を理解し、学習者の学びを達成するための根本的な問題解決に向けた手段を模索すること。

　問題解決志向の考え方では、解決したい問題を明確にして、その問題を根本的に解決するために選ぼうとしている手法は適切であるのかを考え、その答えを明確にした上で問題解決に動き出します。学習者や学習者を見ている私（教師）が持っている問題意識は何か、それはこのICTを活用したリソースで解決できるのか、できないと判断されるならば、「あの人がいいと言っていた」という他者評価を根拠にして、むやみに選択する必要はありません。この考え方を意識していないと、「これもやってみよう」「あれもやってみよう」「何かいいサイト、アプリはないか」と学習者の学びをICTを使うことの言い訳にして、求められてもいない授業を勝手にデザインしてしまうことになります。また、教師もただ「こんなサイトやアプリが世の中にある」という事実に関する知識だけが増えていき、教育に結びつかない大量の情報の中を彷徨い歩くことになります。
　「いろいろなリソースを知っている」という事実志向から、「学習者の問題は、このリソースで解決できるのか」という問題解決志向にマインドシフトしていくことで、学習者の学びを支える学習者主体の授業をデザインしていくことができます。そして、ある手段が使えないという事態においても問題は「理解している」のですから、柔軟性を持って他の手段を考えていくことができます。このような問題解決志向の考え方をしていくことが、ICTキュレーションを磨いていくための一つの手段になります。

3. デジタルリソース分析の必要性

　ICTキュレーションを磨いていくという手段として問題解決志向の考え方をしていくことを提案しましたが、問題解決志向を下支えするものにデジタ

ルリソースの分析があります。なぜ、この分析が重要であるかというと、こ
れまで日本語教育界では「世の中にはどのようなサイトやアプリがあるか」
という事実志向の情報が多く、「どのようなデジタルリソースを取り入れて
いくのか」についてはあまり議論がなされてきていないからです。このよう
な現状については當作（2019）でもテクノロジー使用の意義を示す実証的
研究が少ないということが指摘されています。言い換えれば、世にあふれて
いるデジタルリソースに対して、残念ながら、そのリソースが本当に重要な
ものであるのかという判断、そして手元に置いておくべき価値があるものか
が明らかになっていないという証左でもあります。したがって、これからの
日本語教育を考える際に、このデジタルリソースの分析という行為は積極的
に実践・研究を進めていくべきものであると考えます。そして、その方法の
一つとして紙の教科書で行われてきた教科書分析のように、デジタルリソー
スを分析する研究というものが必要となってくるのではないでしょうか。し
かしながら、デジタルリソースを分析する視点は、従来の教材分析と同じよ
うな教材の構成や練習内容などで良いのかという疑問も浮かびます。

　私たちはデジタルリソースを分析する際には、従来の視点に加えて、「リ
ソースの持続可能性」という新たな視点が必要であると考えています。なぜ
なら、デジタルリソースは技術の進歩に応じて新しいリソースが次から次へ
と開発されることから、現在使っているものから新しいものへの乗り換えが
容易にできるため、紙の教科書のように「買ったものを使い倒さなくては！」
という意識が希薄になるからです。そのため、デジタルリソースを分析する
ときには、どれだけの労力をかけるとどれだけの成果が得られるのか、とい
うコストパフォーマンスをしっかり提示できるか、ということが非常に重要
になってきます。この考えは、フィリップス（1999）のROI（Return on
Investment: 投資対効果）モデルを参考にしています。コストパフォーマン
スというのは、たとえば、ユーザー登録など特定のデジタルリソースを使い
始めるまでにどれだけの労力を割かなければならないのか、機材が必要であ
ればそこにかかる費用、教育機関で使用するのであれば、教員が操作を覚え
るまでの労力というネガティブな側面も含まれます。一方で、そのリソース
を利用することで指導にかける時間がどれくらい短縮されるのか、学習者同

士の参加度が増加する、動機づけが高まるなどのポジティブな側面もあるの
ならば、当然、その部分も含めて分析していくべきでしょう[3]。このような
点については、これからの日本語教育を考えていくにあたって、多くの方々
と議論していかなければならない点ではないかと考えています。

4. 立体的な授業に向けて

　オンライン授業を支える ICT リテラシーについて、本節ではその分類、
ICT キュレーションという考え方、そして ICT キュレーションの際に重要視
すべき視点について説明してきました。本書執筆現在でも、オンライン授業
はいまだ主流です。そのため、ICT についてもっと勉強しなくてはいけな
い！と考える方も多いと思います。しかし、オンライン授業であろうが対面
授業であろうが、実は幹となる部分はそれほど変わりません。それはなんだ
と思いますか。答えは、「誰に向けて、何をしたいか」を明確にするという
ことです。学習者のためなのか、教師自身のためなのか、その対象に向けて
いったい自分は何をしたいのか。この問いを自分に問い続け、授業を組み立
てていくことで、自ずと使用すべき道具は見えてきます。その道具を使いこ
なし、授業を通じて学習者へと還元していくことが私たちの仕事です。

　いつか対面授業だけで授業運営が可能となる日がやってくるかもしれませ
ん。そのときが来たとしても、本書で述べてきた ICT リテラシーはさまざま
な現場で必ず役に立つものだと私たちは考えています。そして、ICT リテラ
シーを駆使しながら学習者の学習を深めて、授業をより立体的にしていくに
は何が必要かということについて問題解決志向の視点で捉えなおし、自分の
授業をアップデートしていくことで、社会変化に対応していける日本語教師
となっていくはずです。もしかすると私たちは、今スタート地点に立ってい
るのかもしれません。今こそ授業を再構築していきましょう。

<注>

1. 総務省「第 2 部　基本データと政策動向　第 6 節　ICT 利活用の促進」（令和 2 年
版　情報通信白書）<https://www.soumu.go.jp/johotsusintokei/whitepaper/ja/r02/html/

nd266350.html>（2021 年 2 月 20 日閲覧）

2. ここで紹介する CanDo リストは、JSPS 科研費（課題番号：17K02835）「ICT 活用による授業の質向上および業務の効率化を目指した教員研修プログラムの開発」（研究代表者：山田智久）の助成を受けた研究成果の一部です。

3. 山田（2017: 298-301）の「「学習効果」と「教師負担」の 4 象限」も参照すると良い。

📖 参考文献

市川尚・根本淳子編（2016）『インストラクショナルデザインの道具箱 101』（鈴木克明監修）北大路書房

稲垣忠（2018）「情報活用能力を育てる」久保田賢一・今野貴之編著『主体的・対話的で深い学びの環境と ICT——アクティブ・ラーニングによる資質・能力の育成——』東信堂、pp. 107-123.

向後千春（2015）『上手な教え方の教科書——入門インストラクショナルデザイン——』技術評論社

當作靖彦（2019）「ネットワーク時代の言語教育・言語学習」李在鎬編『ICT ×日本語教育——情報通信技術を利用した日本語教育の理論と実践——』（當作靖彦監修）ひつじ書房、pp. 2-21.

豊福晋平（2016）「デジタル・シフトと未来の教育」豊福晋平責任編集『子どもの未来と情報社会の教育』国際大学グローバル・コミュニケーション・センター、pp. 40-52.

フィリップス, J. J.（1999）『教育研修効果測定ハンドブック』（渡辺直登・外島裕監訳、「教育研修効果測定ハンドブック」翻訳委員会訳）日本能率協会マネジメントセンター

山内祐平（2020）『学習環境のイノベーション』東京大学出版会

山田智久（2017）『ICT の活用［第 2 版］（日本語教師のための TIPS 77　第 2 巻)』くろしお出版

Bloom, B. S., Hastings, J. T., & Madaus, G. F. (1971) *Handbook on formative and summative evaluation of student learning*. New York, NY: AcGraw-Hill.

Perfetto, G. A., Bransford, J. D., & Franks, J. J. (1983) Constraints on access in a problem solving context. *Memory & Cognition*, *11*(1), 24-31.

Yamada, T. (2020) Social change and roles of Japanese language teachers: How teachers in the future should manage technology?, *Actes du séminaire TIC de l'enseignement du Japonais en France du 14 juin 2019*, pp. 3-10.

おわりに

　本書は、オンライン授業について、さまざまな視点からの取り組みと考え方を盛り込みました。その中に「問題解決志向」というものが出てきます。実は、本書で紹介した第2章の5つの事例は、そのどれもが「解決したい課題」から動き出しています。この課題をしっかりと見定めることができて初めて必要な道具が定まってくることを編者らは改めて認識しています。

　さて、ICT含めこれからの教師にとって重要なことは何でしょうか。とても難しい問いですが、本書の最後に編者それぞれの考えを紹介したいと思います。まずは山田から。

　「解決したいことを言語化できる能力」、これがまず大事であろうと考えます。授業での学習者を思い出してみてください。何がわからないかをわかっている学習者は強いものです。同様に、自分は何をしたいのかを明確に言葉にできる教師は、これからの複雑化する社会で価値を増すはずです。言語化して初めて、「誰に聞けば良いか」や「どうやって聞けば良いか」という次のステップへと進めます。

　その上で、ICTと教師ということで言えば、「検索する能力」なのではないでしょうか。時代やデバイスが変わっても、わからないことを自分で調べられる能力を持っていれば、自分で自分をアップデートし続けられます。究極的には、この自律的なICTリテラシーを育成することが重要なのではと最近考えています。

　最後にもう1点。教師自身が用いる道具や自分のアクションに対して、「なぜそれを使うのか？　なぜそうするのか？」と問い続ける姿勢も必要であろうと思います。

　続いて、伊藤の考えです。

　現代社会は日に日に複雑化しています。これからの社会を理解するには要素還元的に原因と結果で物事を捉えていくのではなく、社会構成主義的に「つながり」を意識していくことが大切だと考えます。これはICTの代表格「インターネット」のように、あらゆるものが結び目を基点につながってい

る網のイメージです。これからの社会はどのような課題であっても「答えを一つに絞る」という考え方では、目先の課題を乗り越えたとしても、すぐに別の課題に行き詰まってしまうことでしょう。今、目の前にしている課題は何とつながっているのか。学習者のニーズ、教材、授業の構成、授業の内容、学習者の個別性、私の性格、現代の社会問題、今日の天気などさまざまな観点から課題を捉えていくことで、想像もしていなかったことと課題の答えがつながり、それが新たな結び目となり、さらに広がりが生まれます。そして、これらのつながりは一人で考え広げるものではないというのも「つながり」が大切だと考える理由の一つです。本書でもさまざまな事例を見てきたように、いろいろな人と自分の課題について話してみてください。この「すべてはつながっている」という意識こそ、これからの日本語教師に重要なことではないかと考えています。

　以上が、私たちの考えです。変化のうねりの真っただ中にいる今、本書が、授業の本質とは何か、そのためにこれからの時代に必要な知識・能力とは何か、について考える「きっかけ」となれば幸いです。私たちも悪戦苦闘しながら考え続けます。

　皆さんは、明日からの授業でどんなことをしたいですか。ぜひまた話を聞かせてください。

2021 年 6 月
山田智久・伊藤秀明

ICT リテラシー CanDo リスト（Ver.1.0）

山田智久・伊藤秀明

　日本語教師にとって必要なICTリテラシーを整理しました。できるものをチェックしてみましょう。すべて「できる」必要はありませんが、現在の自分の位置を知るために活用してください。このリストは時代とともに変化していきますし、皆さんの授業環境によっても変わるでしょう。「変化」に柔軟に対応できる力を身につけることもICTリテラシーの重要な要素です。皆さんの授業環境に合わせて、項目を足したり引いたりしてみてください。そのため、Ver.1.0としてあります。

創る

- □ Wordなどで作った資料をPDFファイルにすることができる。
- □ PowerPointなどで教材を作るときに、フォントサイズを自由に変えられる。
- □ PowerPointなどで教材を作るときに、文字の色を自由に変えられる。
- □ Googleフォームなどを使って、選択式4択問題のクイズが作成できる。
- □ Googleフォームなどを使って、動画を埋め込んだ反転授業課題が作成できる。
- □ 二つ以上のWebサービスで、読みものや読解文の難易度を診断することができる。
- □ 動画編集ソフトを使って動画編集（分割したり結合したり）ができる。

授業をする

- □ Web会議システム（Zoomなど）を使って同期型授業ができる。
- □ Web会議システムのチャット機能を使って学習者とやりとりができる。
- □ Web会議システムを使った同期型授業を記録できる。
- □ スライドを提示しながら話して、非同期型授業の動画を作成できる。
- □ 同期型授業中にアンケートサービス（Zoomの投票機能、slidoやmentimatorなどのサービス）を使って学習者とやりとりができる。
- □ Zoomなどのチャットやコメント機能を使って、文字でのオンラインディスカッションができる。

共有する＆つながる

- □ ドキュメントや表計算ファイルを学習者と共有できる。

□長いWebアドレス（URL）を短縮して学習者と共有できる。

□Webサイトを QR コードに変換して学習者と共有できる。

□Google フォームなどで作った問題を学習者と共有できる。

□クラウド（Dropbox や Google ドライブなど）のさまざまなファイルを学習者に共有できる。

□自分が話している動画を動画サイト（YouTube など）にアップロードして共有できる。

□動画を共有するとき、「限定公開」に設定できる。

□動画サイトにアップロードした動画を削除できる。

□コミュニケーションツール（Slack やサイボウズ Office など）を使って同僚や学習者に連絡できる。

運用する

□LMS（Moodle や Google クラスルーム）に自分のクラスを開設できる。

□LMS に学習者を招待できる。

□LMS に連絡事項が書き込める。

□LMS に提出された課題にコメントを返せる。

□LMS で課題を設定できる。

□LMS にあるルーブリック機能を使って評価基準を決めることができる。

管理する

□ファイル名やフォルダ名を自由に変更できる。

□パソコンの検索機能を使ってファイルを見つけることができる。

□Google カレンダーなどで予定を管理できる。

自立する

□ICT でわからないことが出てきたとき、自分で解決策を探すことができる。

□学習者の自習を支援する Web サービスを三つ以上挙げられる。

□わからないことに出合ったとき、検索サイトで調べることができる。

□なぜその ICT を使うかについて理由を説明できる。

□使用する ICT が誰にメリットがあるかを説明できる。

□使用する ICT のデメリットを説明できる。

＊ これらの項目は、19名の日本語教師への業務内容聞き取り調査をもとに大項目を作成した上で、ICT 活用に置き換えることで業務の効率化と教育効果の向上が見込めるであろうというものを列挙しています。

アクティブ・ラーニング (active learning)

学習者にある物事を行わせ、その活動に関する認知プロセスを外に出すことを指す。授業形態に決まった形式があるわけではないが、知識伝達型の講義と対立し、用意された答えに対応するのではなく、学習者が自分の頭で考え、主体的に学ぶことが重要である。

足場かけ (scaffolding)

学習者の学びをサポートする人が学習者の学びを進める目的で、計画的な補助的干渉を行うこと。足場掛けの方法はさまざまあり、課題を細かいステップにしたり、注目すべき点に関する問いを投げかけたり、実際に行動してみせるなども含まれる。ただし、足場かけの目的は学びを進めることであるため、学習者が自分で解決できるようになるのに合わせて、徐々に足場かけを減らして自律的な学習に方向付けをすることが大切である。

アダプティブ・ラーニング (adaptive learning)

個々の学習者の理解、得意・不得意、興味・関心などに合わせて学習内容を柔軟に変える学習方法。日本語では「個別最適化学習」「適応学習」などと訳される。従来の学習は同じ教材で同じ順序で学び、理解が早い学習者も全体のペースについていけない学習者も全員が同じペースで学ぶことが前提とされていたが、アダプティブ・ラーニングでは膨大な学習データ（ビッグデータ）を活用することで、一人ひとりの学びのペースに合わせた学習が可能となる。

アフォーダンス (affordance)

James J. Gibson（1904-1979）による造語で、環境が生物に対して価値や意味を提供すると捉えた理論。ある価値や意味は、生物が一方的に知覚するのではなく、環境もその価値や意味を提供（afford）していると考える。具体的には、刃物や鋭利な石という環境は人間に物を切るという価値や意味を提供し、ナイフである必要はない。また、刃物は人を傷つけるなど誰がその環境を知覚するかによって提

供される価値や意味は異なり、必ずしも知覚者にとって良い意味や価値とは限らない。

インストラクショナルデザイン (Instructional Design: ID)
学びにおいて、学習者が一定の成果を出す「効果」、教師・学習者双方が無駄を省いたり、手間をかけすぎない「効率」、継続的動機づけや達成感を実感できる「魅力」の向上を目指した教育手法の総称。学習目標と評価方法と教育内容の三つの観点から自身の活動を見つめ、それぞれのプロセスを重視して、改善・向上を目指す。

ウェビナー (webinar)
ウェブ (Web) とセミナー (Seminar) を合わせた造語で、オンラインで行うセミナーのこと。一般的な Web 会議は参加者全体での双方向のやりとりが中心となるが、ウェビナーの場合は講演会や説明会などのように主催者から大人数への一方向の配信が中心となる。また、配信は一方向ではあるが、多くの配信ツールでアンケート機能やチャット機能を備え、即座に質問できるなどウェブの特徴を活かした機能も多い。

オープン教育リソース (Open Educational Resources: OER)
インターネット上にある無償の教育リソース。制作者が再利用・再配布・改訂などの可否を明示的に示すことで、利用者がさらに工夫した利用が可能となる。オープン教育リソースが普及していくことで教育コストの削減が期待されているが、一方で教育内容に適切なオープン教育リソースを探したり、それを評価する時間と労力については課題が残されている。

ガニェの9教授事象 (Gagné's Nine Events of Instruction)
Robert M. Gagné (1916-2002) が教師の働きかけを、①学習者の注意を喚起する、②目標を知らせる、③前提条件を確認する、④新しい事項を提示する、⑤学習の指針を与える、⑥練習の機会を設ける、⑦フィードバックをする、⑧学習の成果を評価する、⑨保持と転移を高める、の9つに分類したもの。なお、学習者の学びに対する外的刺激を整理したものであり、教師の働きかけに限らず、一部を教材や学習者の行動が担うことも想定されている。

クラウド（cloud）

ファイルを保存しているインターネット上の場所の総称。従来は自分のパソコンなどに保存されたファイルを他の人と共有するためにはメールなどで送信する必要があったが、ファイルをクラウドに保存すると、インターネットを介して複数の人が同じファイルに同時にアクセスすることができる。また、一斉に、グループごとに、個々に、など授業形態に合わせてファイルを共有できるため、ICTを活用した授業でも重要なツールとなっている。有名なサービスとしてGoogleドライブやDropbox、Microsoft OneDriveなどがある。

グループウェア（groupware）

ある特定のグループ内でインターネットを使用して情報共有をするシステム。メッセージだけではなく、ファイル共有やビデオ通話などさまざまな機能が利用できることが多い。メールなどに比べて、情報を一元化できる点でメリットがある。有名なサービスとしてSlackやGoogle classroomなどがある。

形成的評価（formative assessment）

ある時点での到達目標に対する達成状況を把握するために、学習活動の途中に行う評価のこと。代表的なものとして、中間テストや授業内で行う小テストなどが挙げられる。到達度の確認に加え、学習段階に応じたフィードバックの提供や指導方法の修正ができる。特に個別指導においては、こまめに形成的評価を行うことで学習者の進捗を明示的に示すことができる。

ゲーミフィケーション（gamification）

ゲームでよく使用されるポイント制やレベルアップ、ランキング、ミッションの設定などの仕掛けを教育などゲーム以外の分野に応用しようとすること。教育の分野では、学習アプリ内で学習するたびにもらえるポイントを集めることでさらに難しいコンテンツに挑戦できたり、同じアプリを利用しているユーザー同士のランキングが表示されたりするなどの活用が見られる。

クリエイティブ・コモンズ・ライセンス（Creative Commons license: CC）

著作権者が作品を利用する条件を「BY（表示）」「NC（非営利）」「ND（改変禁止）」「SA（継承）」の4つのアイコンで示したもの。「BY」は著作権者や作品の情報を表示すること、「NC」は営利目的の使用を認めないこと、「ND」は作品の加

工・編集などの改変を認めないこと、「SA」は改変をした際にもとの作品と同じライセンスを付与しなければならないことを表す。この4つのアイコンを単体もしくは組み合わせて使用する。

サーバー（server）

インターネットを通じてサービスを提供する側に用意しているコンピューター。サーバーの中にはさまざまなデータが入っており、サービスの利用者はインターネットを介してサーバーにアクセスする。そして、サーバーからのデータを自分の端末で受けたり、自分の端末からサーバーにデータを送ることでウェブ上のサービスを利用している。

自己効力感（self-efficacy）

「自分の力でできる」と思う気持ち。自分にできることを低く想定している学習者より自己効力感が高い学習者の方が積極的に粘り強く活動に参加することができると言われている。自己効力感は自分に近いモデルから影響受けやすく、自分に近い仲間が成功すると自己効力感が高められ、自分に近い仲間がうまくいかないと、自己効力感が低下する。そのため、フィードバックの際などにどのようなフィードバックを行うかが重要となる。

診断的評価（diagnostic assessment）

学習活動に入る前の状況を把握するために行う評価のこと。診断的評価の結果に応じて、クラス分けを行ったり、授業内容を検討したりする。代表的なものとしてプレースメントテストなどが挙げられる。診断的評価の際に学習ニーズや学習経験、学習環境など個人の状況についても確認しておくことで、学習活動の際により適切な対応が可能となる。

総括的評価（summative assessment）

あるコースなどの最終段階においての学習成果を確認するために行う評価のこと。代表的なものとして期末テストや修了試験などが挙げられる。総括的評価は学習者の到達度を確認するものだと捉えられやすいが、教師や教育機関にとっても実施したコースの指導方法の成果やカリキュラムの効果を確認する重要な機会となる。

チューター（tutor）

教師が行う授業内容や採点、解説などに対する質問への対応を行う学習支援者。チューターがいると、学習者は担当教師以外へ質問できるという選択肢が増える。担当教員よりも気軽に質問しやすくなることが多く、学習者の学習への取り組みやすさが向上する。メンターの役割を同時に担うこともある。

デジタルディバイド（digital divide）

教室内でのデジタル端末を活用した活動が推進される一方で、家庭の経済状況によってデジタル端末を購入できないなどの理由により、教育や情報の格差が生まれてしまうこと。デジタル端末を活用した授業を行う際、教室内だけのデジタル端末の使用に意識を向けるのではなく、学習者が教室外でどのような端末に触れることができるのかについても意識を向けることが重要となる。

デジタルネイティブ（digital native）

生まれたときからデジタル端末が身近にある世代を指す。一方で、それ以前の人のことをデジタルイミグラント（デジタル移民）という。日本では一般的に1990年代後半以降に生まれた人を指す。デジタルネイティブの方がデジタルイミグラントに比べて、ネット上に自分の写真や行動などの情報を流すことに抵抗感がないと言われている。

同期型授業（synchronous lesson）

Web会議システムなどを利用し、リアルタイムで行う学習形態。同期型授業は、講義などのように一方的に情報伝達を行う「ライブ講義型」と、教師と相互にやりとりを行ったりグループワークを行ったりする「Web会議型」の二つに大きく分けられる。対面授業に近い形式で授業を行うことができる反面、時差などの時間的制約を受けやすい。

バーチャル背景（virtual background）

Zoomなどの Web会議システムにおいて、カメラを利用している際に自分の後方が映り込むことを避けるために画像などを自身の背景として設定する機能を指す。基本的には家の中の映り込みなどのプライバシー保護を目的とした機能であるが、企業や大学などが広報用として利用したり、自分の好きな画像を背景とすることで個人の趣味嗜好を表現する機能としても利用されている。

ハイフレックス型授業 (HyFlex: Hybrid-Flexible)

対面授業にカメラなどを設置することで対面授業と同期型授業を同時に行い、学習者が学習形態を自由に選んで学ぶことができる授業形態を指す。教室で行われている授業を提供できるだけではなく、授業を録画しておくことで非同期型授業についても担保することができるため、学習者の学習形態の選択肢を広げられる。ただし、授業を準備する側の負担が大きいことが指摘されている。

パブリック・ドメイン (public domain)

著作権が保護される期間が終わり、著作権が消失した著作物のこと。しかし、パブリック・ドメインであっても、著作者の人格権などを侵害する利用は認められていない。パブリック・ドメインの文学作品を集めたウェブサイト「青空文庫」が有名。

反転授業 (flipped classroom)

従来、教室で行っていたことを家で行い、家で行っていたことを教室で行うという考え方。一般的には、文法説明の動画を家で見て、教室でその文法を使った活動を教室で行うなどのイメージが強いが、動画を使わない反転授業などもある。反転授業を取り入れる際は、学習者が主体的に学べるようにするために授業時間の使い方を再検討する点が重要である。

非同期型授業 (asynchronous lesson)

インターネットを利用して、授業のすべてまたは一部をリアルタイムではない形式で行う授業のこと。物理的な教室は使用せず、講義動画を配信したり、学習者から課題の提出やそれに対する教師からのフィードバック、掲示板を使用しての質疑応答やディスカッションなどをインターネット上で行う学習形態。

ブレイクアウトルーム (Breakout room)

Web会議システムのZoomの機能の一つ。ミーティング参加者を自動・手動で複数のグループに分けることができる。本書執筆時は最大で50のグループに分けることが可能。グループに分かれている時間を設定することなども可能なため、オンライン授業でグループワークなどの作業を行う際に活用されることが多い。

ブレンディッドラーニング (blended learning)

オンライン学習と対面学習を統合・融合した学習形態のこと。自分の都合に合わ

せて学習できるeラーニングと対面授業を相互補完的に活用し、eラーニングや対面授業というどちらか一方の学習形態だけでは得られない学習経験を積むことで、学習効果を上げようとする学習形態。

ペルソナ（persona）

サービスなどの典型的な利用者像、またその利用者像を明確にすることを指す。教育分野では教材などを作成する際に活用されている。教材作成の前に想定利用者の年齢や居住地、職業、ライフスタイル、日本語学習期間、学習ニーズなどを細かく設定して想定利用者像を明確にすることで、教材完成後の利用者に最も適した教材を計画することができ、学習効果の向上が期待できる。

メンター（mentor）

経験者のとしての立場から学習者の学習状況に合わせて、個別の対応をしながら学習者の気づきを促したり、助言を行う。**チューター**とは異なり、授業の内容に関する質問に答えるというよりは、学習の仕方全般などに対する自律的・自発的な行動を促すように指導・助言を行う学習支援者。

モバイルラーニング（mobile learning）

スマートフォンやタブレットなどのモバイル端末を活用した学習形態のこと。モバイル端末に学習リソースをインストールすることで、さまざまな場所での学習活動が可能となる。また、**BYOD**の広がりも後押しして、教育機関外で得た情報を写真で撮影し、教育機関内の発表で活用するなど、学習者の生活の文脈に合わせながら教育機関内の学習とその他の場での学習をシームレスにつなぎ、学習自体の捉え方にも変化を与えている。

ユーザーインターフェース（User Interface: UI）

ウェブサイトやアプリなどのデザインやフォントなど実際に利用者の目に見えている部分を指し、サービスの使いやすさに大きく関わる部分である。欲しい情報にたどり着けない導線、誤解を招きやすいボタン配置、読みにくいフォントなどユーザーインターフェースの工夫で解消できることは多い。ユーザーインターフェースは、紙の教材などにおいても本来の目的を達成させるために検討すべき重要な要素である。

ラーニング・アナリティクス (Learning Analytics: LA)

学習の状況を把握し、学習の促進や指導、評価に活用するために大量の教育データを分析すること。教育分野におけるテクノロジーの利用が活発になり、学習の過程で得られる教育データの量が大幅に増えたことにより、このデータを活用してさらに教育の質の向上を目指す動きが高まっている。MOOCなどのデータを活用することにより、教育機関での学習だけではなく、生涯学習などへのフィードバックも期待されている。

ADDIEモデル (アディーモデル)

インストラクショナルデザインの教育・教材設計のモデルの一つ。Analysis（分析）は学習者や教える内容を分析すること。Design（設計）は教材研究を行い、教える内容を整理すること。Development（開発）はコースや授業の流れから教材や学習環境を準備すること。Implement（実施）は実際に授業を行うこと。Evaluation（評価）は授業を振り返ること。これらの頭文字を組み合わせたものが名称となっている。このサイクルを繰り返し、一連の流れの振り返りから必要に応じて、それぞれに改善を加えていく考え方。

ARCSモデル (アークスモデル)

学習意欲に対する方策を考えたモデル。ARCSはそれぞれ「Attention: おもしろそう（注意）」「Relevance: やりがいがある（関連性）」「Confidence: やればできそう（自信）」「Satisfaction: やって良かった（満足感）」の頭文字。学習者の学習動機をそれぞれにあてはめて観察することで、どの部分に刺激が必要か特定することができ、原因や対策を考えることができる。

BYOD (ビーワイオーディー Bring Your Own Device)

従来の学校教育では学校に用意されている機器を使って教育を行っていたが、学習者が日常的に使用しているデジタル端末（スマホやタブレットなど）をそのまま学習の場に持ち込むという考え。これにより、学校と社会が切り離されたものではなく、日常の中で利用しているデジタル端末を利用した教育が可能となる。デジタルディバイドが起きないかについて十分に意識することが大切である。

CSCL (シーエスシーエル Computer Supported Collaborative Learning)

コンピューターを利用した協調学習（小グループで相互に協力して問題解決に取

り組む学習形態）の実践やその支援システム。CSCLのコンピューターの役割は
アクセス手段の提供、リソースの提供、分業・共有の支援、コミュニティの交流
支援などである。CSCLでは頭の中の知識だけではなくさまざまなリソースを組
み合わせ、コミュニティに参加する人々と協調しながら、そのコミュニティ内で
価値が認められる実践が行われることが大切とされている。

eポートフォリオ

個人の学びや活動を記録するポートフォリオを電子ファイルにしたもの。ポート
フォリオには作文やレポート、テストなどの学習過程やその成果物を保存し、特
に知識や思考の変化が見られるものを積極的に保存していくことが推奨され、学
びの総合的評価などに使用される。ポートフォリオを用いた評価では、学びの結
果だけではなく、学習過程をより重視し、学習者を多面的に評価しようとする考
え方が背景にある。

EdTech（エドテック）

Education と Technology を組み合わせた造語で、教育分野におけるデジタル技術を
活用した教育方法の総称。アダプティブ・ラーニングや障害を持つ方々などへの学
びの選択肢を増やすために、経済産業省や文部科学省の事業としてもその活用が
進められている。一方で、EdTechの実現に向けては具体的な授業イメージが共有
されていなかったり、ICT機器の準備が整わないなどの課題も残っている。

LMS（エルエムエス　Learning Management System）

出席、学習コンテンツの配信、課題の提出、学習者の成績などを一括で管理する
システム。近年は学習の管理だけではなく、掲示板機能を利用してディスカッショ
ンを行ったり、学習者同士で相互に課題を評価するなど、学習者同士のやりとり
を生み出すことを意識した機能が付加されるようになってきている。

MOOC（ムーク　Massive Open Online Course）

無料で受講できるオンラインの講義システムを指す。2012年にアメリカで始まり、
現在では世界中の有名大学がオンラインで講義を提供している。一定のコースを
修了すると修了書が出るのが特徴で、コースは10分ほどの動画を見て問題に答え
ていくという形式が一般的である。日本でも2014年からJ-MOOCが設立されてい
る。

Society 5.0 （ソサエティ 5.0）

狩猟社会（Society 1.0）、農耕社会（Society 2.0）、工業社会（Society 3.0）、情報社会（Society 4.0）に続く新たな社会。仮想空間と現実空間を融合させたシステムにより、経済発展だけでなく社会的な課題の解決も図る人間中心の社会。Society 5.0で実現する社会は、IoT（Internet of Things）ですべての人とモノがつながり、さまざまな知識や情報が共有され、今までにない新たな価値が生み出されることが目標としてある。加えて、人工知能（AI）により、必要な情報が必要なときに提供されるようになり、少子高齢化、地方の過疎化、貧富の格差などの課題が克服されることも期待されている。

VR （ブイアール　Virtual Reality）

現実の要素を抽出したものをコンピューターで作り出し、現実と同等の人工環境を利用するシステム。①自然な3次元空間を構成している、②利用者が環境に働きかけたり自由に行動できる、③利用者が環境に入り込んだ（没入）状態になる、という3点がVRを満たす特徴的な要素とされる。現実では行くことができない場所や危険な場所などを体験するシミュレーション学習などで利用されることが多い。

Web会議システム

インターネットを通じてお互いの映像・音声を配信したり、画面を共有したりできるコミュニケーションツールの総称。代表的なものに、Zoom、Microsoft Teams、Google Meet、Skypeなどがある。ユーザーの画面を共有する「画面共有」機能や、ホワイトボードに文字を書ける「ホワイトボード」機能、文字でやりとりできる「チャット機能」などの機能を持つ。無料で使えるシステムが多いが、参加者数や時間によって有料プランと分けられていることが多い。

執筆者紹介

山田智久（やまだ・ともひさ）　＊編者

西南学院大学外国語学部教授。ロンドン大学教育研究所より修士（MA in Modern Languages in Education）、北海道大学より博士（学術）を取得。ロンドン大学東洋アフリカ学院ランゲージセンター、佐賀大学留学生センター、北海道大学高等教育推進機構を経て、2021年より現職。研究領域は教師教育と教育工学。研究活動の傍ら、日本語教師のICTリテラシー向上を目指した講演・研修活動にも積極的に関わっている。主な著書に『ICTの活用（日本語教師のためのTIPS 77）』（くろしお出版）、『日本語教材研究の視点』（分担共著、くろしお出版）、『日本語教師のためのアクティブ・ラーニング』（共著、くろしお出版）等がある。第1章第1節＊、第1章第2節、第4章第1節、第4章第2節＊他執筆（＊は主担当）。

伊藤秀明（いとう・ひであき）　＊編者

筑波大学人文社会系准教授。筑波大学大学院地域研究研究科より修士（地域研究）、同大学大学院人文社会科学研究科より博士（国際日本研究）を取得。（独）国際交流基金派遣専門家（ドイツ）、（独）国際交流基金関西国際センター、筑波大学人文社会系助教を経て、2021年より現職。研究領域は日本語教育学。筑波大学では日本語・日本事情遠隔教育拠点の副拠点長として日本語教育のICTリソースの開発・運用も行っている。主な著書に『日本語の教科書がめざすもの』（共編著、凡人社）、『ICT×日本語教育―情報通信技術を利用した日本語教育の理論と実践―』（分担共著、ひつじ書房）等がある。第1章第1節、第1章第2節＊、第4章第1節＊、第4章第2節他執筆（＊は主担当）。

マリア・アンヘリカ・ヒメネス・オタロラ（María Angélica Jiménez Otálora）

ロスアンデス大学言語文化学科日本語専攻非常勤講師、ラサジェ大学大学院修士課程在籍（ともにコロンビア）。ロスアンデス大学より学士（言語文化学／人類学）を取得し、現在ラサジェ大学大学院修士課程（言語教育学）に在籍。コロンビア国内の日本語学校や私立大学での講師経験を経て、2019年より現職。研究領域は言語教育学とカルチュラル・スタディーズ。国立図書館の市民講座でもボランティアとして日本語を教えている。第2章第4節執筆。

熊野七絵（くまの・ななえ）

国際交流基金関西国際センター日本語教育専門員主任。広島大学大学院教育学研究科より修士号（教育学）を取得。2001年より現職。海外派遣経験は米国、タイ、スペイ

ン。研究領域は日本語教育学。特に、コースデザイン、教材やeラーニング、テストの開発と運用に携わっている。主な著書（教材）に、『初級からの日本語スピーチ』（編共著、凡人社）、『日本語ドキドキ体験交流活動集』（編共著、国際交流基金関西国際センター、電子版）等がある。主なeラーニング教材に、Webサイト「アニメ・マンガの日本語」、文字学習アプリ「HIRAGANA/KATAKANA/KANJI Memory Hint」、「まるごと日本語オンラインコース」、「いろどり日本語オンラインコース」等がある。第2章第5節執筆。

小山千恵（こやま・ちえ）

(学) 長沼スクール東京日本語学校理事・校長。早稲田大学教育学部英語英文科卒業。英語講師を経て1989年より日本語教育に従事し、2004年より長沼スクール。2011年度より7年間、同校の受託プログラム・プライベートレッスン部門を統括。第2章第2節代表執筆。

近藤弘（こんどう・ひろむ）

(独) 国際交流基金派遣専門家（エジプト）、筑波大学大学院国際日本研究専攻博士課程在籍。東海大学大学院より修士号（日本文学）を取得。(独) 国際協力機構日系社会青年ボランティア日系日本語学校教師（コロンビア）、ロスアンデス大学日本語学科（コロンビア）を経て、現職。研究領域は日本語教育学。主な論文に「コロンビアにおける外国語教育としての日本語教育の意義—現地日本語教師の語りの分析から—」（『小出記念日本語教育研究会論文集』29、7-22）がある。第2章第4節執筆。

下川有美（しもかわ・ゆみ）

佐賀県鳥栖市役所職員。2014年度から2020年度まで、国際交流及び多文化共生事業を担当し、やさしい日本語を軸とした多文化共生事業、生活する上で必要な日本語や生活のルール、文化、風習などについて学ぶ場としての日本語教育事業を実施。2021年4月より総務省の多文化共生アドバイザーに登録。現在の税務課においても多文化共生の視点で事業を展開中。第2章第3節執筆。

高橋えるめ（たかはし・えるめ）

(学) 長沼スクール東京日本語学校元理事・副校長。津田塾大学学芸学部卒業、国際基督教大学で研究生として、小出詞子に師事。1981年より、長沼スクールにて日本語教育及び教師教育に従事。2014年度より2019年度まで同校「日本語教師集中セミナー」「日本語教師のための対照言語講座」等を企画・運営。第2章第2節代表執筆。

高橋薫（たかはし・かおる）

創価大学学士課程教育機構准教授。お茶の水女子大学大学院より博士号（学術）を取得。東京大学大学院情報学環ベネッセ先端教育技術学講座、東洋大学国際センター、早稲田大学人間科学部を経て、2020年より現職。研究領域は日本語教育と教育工学。反転授業の研究を行う中でデジタルコンテンツの作成と著作権問題に関心を持ち、日本語教師を対象とした著作権セミナーの開発を行っている。第3章執筆。

保坂敏子（ほさか・としこ）

日本大学大学院総合社会情報研究科（通信制大学院）教授。国際基督教大学大学院教育学研究科より教育学修士を取得。慶應義塾大学、早稲田大学、日本大学などで日本語教育に携わり、2014年より現職。研究領域は日本語教育、教育工学。メディアを介したことばと文化の教育に取り組んでいる。2017年にJMOOC講座「文化翻訳入門」の講師を担当。最近の論文に「日本語教育における遠隔教育——オンライン授業デザインの指針を探る——」（『日本大学大学院総合社会情報研究科紀要』21, 177-188）等がある。第2章第1節執筆。

＊本書に関するご意見、ご感想をお寄せください。
　山田智久：yt11@seinan-gu.ac.jp
　伊藤秀明：ito.hideaki.gb@u.tsukuba.ac.jp

オンライン授業を考える

日本語教師のためのICTリテラシー

2021 年 11 月 12 日　　初版第 1 刷発行

編　者　山田智久・伊藤秀明

発行人　岡野秀夫

発行所　株式会社　くろしお出版

　　　　〒102-0084　東京都千代田区二番町 4-3
　　　　TEL：03-6261-2867　FAX：03-6261-2879
　　　　URL：www.9640.jp　e-mail：kurosio@9640.jp

印刷所　藤原印刷株式会社

イラスト　村山宇希（ぽるか）

DTP/書籍デザイン　折原カズヒロ